汽车故障诊断思路与快修实例

QICHE GUZHANG ZHENDUAN SILU YU KUAIXIU SHILI

李昌凤 主编

机械工业出版社
CHINA MACHINE PRESS

本书是一本彩色版的汽车故障诊断设备使用及故障排除思路宝典，结合快修实例进行讲解，同时还针对汽车上的每个电控系统，采用图解方式来讲述用故障诊断仪读取故障码、清除故障码、读取数据流、动作测试的基本操作流程，非常适合初学者使用。

全书主要内容包括汽车故障诊断设备及使用方法以及发动机、底盘、车身电器三部分的故障诊断思路与快修实例，每一个系统均以"诊断思路+实例+图解"的独特方式进行讲解，便于初级汽修人员阅读和学习。

图书在版编目（CIP）数据

汽车故障诊断思路与快修实例/李昌凤主编. —北京：机械工业出版社，2019.9
ISBN 978-7-111-63423-2

Ⅰ.①汽⋯ Ⅱ.①李⋯ Ⅲ.①汽车-故障诊断 Ⅳ.① U472.42

中国版本图书馆 CIP 数据核字（2019）第 173685 号

机械工业出版社（北京市百万庄大街22号 邮政编码100037）
策划编辑：杜凡如　　　责任编辑：徐　霆　刘　煊
责任校对：陈　越　梁　静　封面设计：鞠　杨
责任印制：李　昂
北京瑞禾彩色印刷有限公司印刷
2019年9月第1版第1次印刷
184mm×260mm・10.25印张・310千字
0 001—3 000册
标准书号：ISBN 978-7-111-63423-2
定价：59.90元

电话服务　　　　　　　　网络服务
客服电话：010-88361066　机 工 官 网：www.cmpbook.com
　　　　　010-88379833　机 工 官 博：weibo.com/cmp1952
　　　　　010-68326294　金　书　网：www.golden-book.com
封底无防伪标均为盗版　机工教育服务网：www.cmpedu.com

前言

近年来，汽车快修连锁店发展迅速，并且形成规模化经营，它主要特点是维修效率高，节约时间，受到广大车主的喜爱。为了帮助快修人员快速掌握汽车故障排除技能，我们编写了《汽车故障诊断思路与快修实例》来满足广大从事汽车快修工作人员的学习需要。

全书以"诊断思路＋实例＋图解"的独特方式讲解汽车故障排除知识点，以汽车故障诊断思路和快修实例为核心，以解决实际问题为导向，并且针对汽车上的每个电控系统详细地讲述了用故障诊断仪读取故障码、清除故障码、读取数据流、动作测试的基本操作流程。本书主要包括汽车故障诊断设备及使用方法、发动机、底盘、车身电器等方面的内容，是一本全面掌握汽车故障诊断设备及故障排除思路的书籍。

本书从实际应用出发，具有层次分明、条理清晰、内容翔实、易学易懂、学以致用的特点，适合初级汽修人员自学，同时也可作为汽车维修初级人员培训的指导用书。

本书由李昌凤主编，参加编写的人员还有李富强、李素红、朱其福、陈春燕。在本书编写过程中，得到了许多汽车快修连锁店以及广大汽车维修企业的大力支持和协助，并参阅了大量的相关资料，在此表示诚挚的感谢！

由于编者水平有限，书中难免有不足之处，恳请广大读者批评指正，以便再版时补充完善。

编　者

目 录
CONTENTS

前言

第一章　汽车故障诊断设备及使用方法　1
一、汽车故障诊断仪及使用方法　1
 1. 汽车故障诊断仪特点　1
 2. 汽车故障诊断仪使用方法　1

二、汽车数字式万用表及使用方法　4
 1. 汽车数字式万用表特点　4
 2. 汽车数字式万用表使用方法　5

三、汽车试灯及使用方法　8
 1. 汽车试灯特点　8
 2. 汽车试灯的使用方法　9

四、听诊器及使用方法　9
 1. 听诊器特点　9
 2. 听诊器的使用方法　9

五、制动液诊断分析仪及使用方法　10
 1. 制动液诊断分析仪特点　10
 2. 制动液诊断分析仪的使用方法　10

六、冷却系统检测仪及使用方法　11
 1. 冷却系统检测仪特点　11
 2. 冷却系统检测仪的使用方法　11

七、汽车内窥镜及使用方法　12
 1. 汽车内窥镜特点　12
 2. 汽车内窥镜的使用方法　12

第二章　发动机机械系统故障诊断与快修实例　13
一、发动机机械系统故障诊断方法　13
 1. 外观诊断　13
 2. 异响诊断　13

目录

二、发动机机械系统故障诊断导图 ·········· 14
1. 发动机异响诊断导图 ·········· 14
2. 发动机漏油诊断导图 ·········· 14
3. 发动机漏水诊断导图 ·········· 15

三、发动机机械系统快修案例 ·········· 16
1. 气缸垫烧坏 ·········· 16
2. 发动机传动带异常、严重开裂 ·········· 17
3. 气门液压挺柱异响 ·········· 17
4. 正时链条过度磨损 ·········· 18
5. 发动机润滑油中有水 ·········· 18
6. 废气涡轮增压器异常 ·········· 19
7. 三元催化转化器损坏 ·········· 19
8. 排气管垫片损坏 ·········· 20
9. 节温器损坏 ·········· 20
10. 散热器损坏 ·········· 21
11. 发动机支脚胶损坏 ·········· 22

第三章 发动机控制系统故障诊断与快修实例 23

一、发动机控制系统故障诊断方法 ·········· 23
1. 发动机控制系统故障码的读取 ·········· 23
2. 发动机控制系统故障码的清除 ·········· 24
3. 发动机控制系统数据流的读取 ·········· 24
4. 发动机控制系统执行元件测试 ·········· 25

二、发动机控制系统故障诊断导图 ·········· 25
1. 发动机起动困难诊断导图 ·········· 25
2. 发动机无法起动诊断导图 ·········· 26
3. 发动机怠速发抖诊断导图 ·········· 27
4. 发动机动力不足诊断导图 ·········· 28
5. 发动机热车熄火诊断导图 ·········· 29
6. 发动机冷车抖动诊断导图 ·········· 30

三、发动机控制系统快修案例 ·········· 31
1. 喷油器损坏 ·········· 31
2. 燃油泵出现异响 ·········· 32
3. 火花塞异常 ·········· 32

- 4. 点火线圈损坏 ... 33
- 5. 燃油泵调压阀故障 ... 33
- 6. 燃油泵滤网堵塞故障 ... 34
- 7. 空气流量传感器故障 ... 35
- 8. 发动机冷却液温度传感器故障 ... 36
- 9. EGR 电磁阀故障 ... 36
- 10. 冷却风扇故障 ... 37
- 11. 爆燃传感器故障 ... 38
- 12. 冷却风扇不转 ... 39
- 13. 冷却风扇无法停止 ... 39
- 14. 冷却风扇高速档不工作 ... 40
- 15. 发动机冷却液温度过高 ... 40
- 16. 发动机进气歧管严重积炭 ... 40
- 17. 发动机缺火或运行不良 ... 41
- 18. 发动机怠速转速居高不下 ... 42
- 19. 发动机加速时易熄火 ... 42
- 20. 发动机转速升不上去 ... 43
- 21. 发动机间歇性不能起动 ... 44
- 22. 发动机不易着车 ... 44
- 23. 发动机过热 ... 45
- 24. 发动机抖动 ... 46
- 25. 发动机排气管冒蓝烟 ... 46
- 26. 发动机无规律熄火 ... 47

第四章 手动变速器故障诊断与快修实例 ... 48

- 一、手动变速器故障诊断方法 ... 48
  - 1. 外观诊断 ... 48
  - 2. 异响诊断 ... 48
- 二、手动变速器故障诊断导图 ... 49
  - 1. 手动变速器换档困难诊断导图 ... 49
  - 2. 手动变速器变速杆自动跳回空档诊断导图 ... 49
  - 3. 手动变速器换不进档位诊断导图 ... 50
- 三、手动变速器快修实例 ... 51
  - 1. 手动变速器漏油 ... 51

目录

  2. 手动变速器异响 ······ 51

  3. 手动变速器换档困难 ······ 52

  4. 手动变速器变速杆自动跳回空档 ······ 53

  5. 挂不进档位 ······ 53

  6. 手动变速器乱档 ······ 53

第五章 自动变速器故障诊断与快修实例   55

 一、自动变速器故障诊断 ······ 55

  1. 自动变速器故障码的读取 ······ 55

  2. 自动变速器故障码的清除 ······ 56

  3. 自动变速器数据流的读取 ······ 57

  4. 自动变速器执行元件测试 ······ 58

 二、自动变速器故障诊断导图 ······ 58

  1. 自动变速器无法换档诊断导图 ······ 58

  2. 自动变速器频繁换档诊断导图 ······ 59

  3. 自动变速器换不进档诊断导图 ······ 60

 三、自动变速器快修实例 ······ 60

  1. 自动变速器油变质、变色 ······ 60

  2. 自动变速器换档开关损坏 ······ 61

  3. 自动变速器油温传感器故障 ······ 62

  4. 自动变速器油滤网堵塞 ······ 62

  5. 自动变速器换档电磁阀故障 ······ 63

  6. 自动变速器换档总成损坏 ······ 64

  7. 自动变速器漏油故障 ······ 65

  8. 自动变速器升档异常 ······ 66

  9. 自动变速器不能换档 ······ 67

  10. 自动变速器挂入 D 位或 R 位均无反应 ······ 67

  11. 踩下制动踏板时，变速杆不能从 P 位移出 ······ 68

  12. 从 N 位换至 R 位时振动过大 ······ 68

  13. 在所有变速杆位置变速器中出现噪声 ······ 68

  14. 行驶中自动变速器升档瞬间产生振动 ······ 69

  15. 起步时踩下加速踏板，发动机转速上升很快但车速升高缓慢 ······ 69

  16. 车辆上坡时无力，但发动机转速很高 ······ 69

  17. 自动变速器无超速档 ······ 70

　　18. 汽车在 D 位能行驶而倒档不能行驶 …………………………………………… 70

第六章　离合器故障诊断与快修实例　71

一、离合器故障诊断 ……………………………………………………………………… 71
　　1. 外观诊断 ………………………………………………………………………… 71
　　2. 异响诊断 ………………………………………………………………………… 71

二、离合器故障诊断导图 ………………………………………………………………… 71
　　1. 离合器异响诊断导图 …………………………………………………………… 71
　　2. 离合器分离不彻底诊断导图 …………………………………………………… 72
　　3. 离合器打滑诊断导图 …………………………………………………………… 73

三、离合器快修实例 ……………………………………………………………………… 73
　　1. 离合器接合时发出"咔嗒"声 ………………………………………………… 73
　　2. 离合器内部有噪声 ……………………………………………………………… 74
　　3. 离合器踏板力变小 ……………………………………………………………… 75
　　4. 踩离合器踏板时，离合器发抖 ………………………………………………… 76
　　5. 离合器打滑 ……………………………………………………………………… 76

第七章　悬架与传动系故障诊断与快修实例　77

一、悬架与传动系故障诊断 ……………………………………………………………… 77
　　1. 外观诊断 ………………………………………………………………………… 77
　　2. 异响诊断 ………………………………………………………………………… 77

二、悬架与传动系故障诊断导图 ………………………………………………………… 77
　　1. 悬架变形诊断导图 ……………………………………………………………… 77
　　2. 悬架异响诊断导图 ……………………………………………………………… 78
　　3. 行驶时轮胎异响诊断导图 ……………………………………………………… 78

三、悬架与传动系快修实例 ……………………………………………………………… 78
　　1. 悬架异响 ………………………………………………………………………… 78
　　2. 车辆跑偏 ………………………………………………………………………… 80
　　3. 前轮侧滑 ………………………………………………………………………… 80
　　4. 车辆行驶方向摆头 ……………………………………………………………… 81
　　5. 转向沉重 ………………………………………………………………………… 82
　　6. 轮胎磨损异常 …………………………………………………………………… 83
　　7. 车辆行驶时振动 ………………………………………………………………… 84
　　8. 车辆行驶时噪声过大 …………………………………………………………… 85

目录

第八章　制动系统故障诊断与快修实例　　86

一、制动系统故障诊断　　86
1. 制动系统故障码的读取　　86
2. 制动系统故障码的清除　　87
3. 制动系统数据流的读取　　87
4. 制动系统执行元件测试　　88

二、制动系统故障诊断导图　　88
1. 制动液失效诊断导图　　88
2. ABS故障指示灯亮诊断导图　　88
3. 制动时车辆跑偏诊断导图　　89

三、制动系统快修实例　　89
1. 制动踏板过低　　89
2. 制动踏板行程过大　　90
3. 制动时有噪声　　90
4. 制动液有气泡　　91
5. 制动盘磨损不均　　91
6. 制动时振动激烈　　92
7. 制动踏板变硬　　92
8. 制动时车辆跑偏　　93
9. 紧急制动时车轮抱死　　93
10. 行驶过程中ABS故障指示灯亮　　93

第九章　动力转向系故障诊断与快修实例　　94

一、动力转向系故障诊断　　94
1. 动力转向系故障码的读取　　94
2. 动力转向系故障码的清除　　95
3. 动力转向系数据流的读取　　95

二、动力转向系故障诊断导图　　96
1. 转向锁止诊断导图　　96
2. 转向无助力诊断导图　　96
3. 转向时异响诊断导图　　97

三、动力转向系快修实例　　97
1. 行驶跑偏及左右转向轻重不一样　　97

  2. 车辆急转弯时方向沉重 ……………………………………………… 98
  3. 转向时出现异响 ……………………………………………………… 99
  4. 转向无助力或助力过小 ……………………………………………… 99
  5. 操纵转向盘右转或左转时助力有差异 …………………………… 100

第十章　空调系统故障诊断与快修实例　　　101

 一、空调系统故障诊断 ……………………………………………………… 101
  1. 空调系统故障码的读取 …………………………………………… 101
  2. 空调系统故障码的清除 …………………………………………… 102
  3. 空调系统数据流读取 ……………………………………………… 102
  4. 空调系统执行元件测试 …………………………………………… 102
 二、空调系统故障诊断导图 ………………………………………………… 102
  1. 空调系统无法起动诊断导图 ……………………………………… 102
  2. 空调系统不制冷故障排除导图 …………………………………… 103
  3. 空调系统制冷效果差故障排除导图 ……………………………… 103
  4. 空调出风量过小故障排除导图 …………………………………… 104
 三、空调系统快修实例 ……………………………………………………… 105
  1. 从出风口吹出的风量不足 ………………………………………… 105
  2. 从出风口吹出的风量没有变化 …………………………………… 106
  3. 从出风口吹风模式不变 …………………………………………… 106
  4. 压缩机内部异响 …………………………………………………… 107
  5. 空调压缩机常烧电磁离合器 ……………………………………… 108
  6. 空调无冷气 ………………………………………………………… 108
  7. 空调制冷效果差 …………………………………………………… 108
  8. 蒸发器结霜严重 …………………………………………………… 109
  9. 空调系统间歇制冷 ………………………………………………… 110
  10. 空调冷却风扇不转 ………………………………………………… 111
  11. 高压侧和低压侧的压力都过高 …………………………………… 111
  12. 高压侧的压力太低，低压侧压力太高 …………………………… 112
  13. 高压侧和低压侧的压力都太低 …………………………………… 112
  14. 冷凝器散热差，制冷效果变差 …………………………………… 113
  15. 低压侧变成负压 …………………………………………………… 113

第十一章 安全气囊系统故障诊断与快修实例 … 114

一、安全气囊系统故障诊断 … 114
1. 安全气囊系统故障码的读取 … 114
2. 安全气囊系统故障码的清除 … 115
3. 安全气囊系统数据流读取 … 115

二、安全气囊系统故障诊断导图 … 115
1. 安全气囊系统故障指示灯长亮诊断导图 … 115
2. 安全气囊系统故障指示灯不亮故障排除导图 … 116

三、安全气囊系统快修实例 … 116
1. 安全气囊系统警告信号灯不亮 … 116
2. 安全气囊系统警告信号灯长亮 … 117
3. SRS 控制单元故障 … 117
4. 安全气囊螺旋电缆故障 … 118

第十二章 电动座椅故障诊断与快修实例 … 120

一、电动座椅故障诊断 … 120
1. 电动座椅数据流读取 … 120
2. 电动座椅执行元件测试 … 121

二、电动座椅故障诊断导图 … 121
1. 电动座椅不能调节故障诊断导图 … 121
2. 电动座椅异响故障排除导图 … 122

三、电动座椅快修案例 … 122
1. 电动座椅前后不能调节 … 122
2. 电动座椅上下不能调节 … 122
3. 电动座椅靠背不能调节 … 123
4. 电动座椅加热器故障 … 123

第十三章 电动车门锁与遥控装置故障诊断与快修实例 … 124

一、电动车门锁与遥控装置故障诊断 … 124
1. 电动车门锁与遥控装置数据流读取 … 124
2. 电动车门锁与遥控装置执行元件测试 … 125

二、电动车门锁与遥控装置故障诊断导图 … 125
1. 电动车门锁不工作故障诊断导图 … 125
2. 遥控器无法锁门故障诊断导图 … 126

三、电动车门锁与遥控装置快修案例 ·········· 126
  1. 遥控距离变短 ·········· 126
  2. 报警器不响 ·········· 127
  3. 遥控器不能上锁或解锁 ·········· 128
  4. 所有车门不能上锁或解锁 ·········· 128
  5. 遥控器解锁 30s 之后，车门自动重新上锁 ·········· 129
  6. 遥控钥匙发送信号时电动车窗玻璃不工作 ·········· 129

第十四章　灯光系统故障诊断与快修实例　130

一、灯光系统故障诊断 ·········· 130
  1. 灯光系统数据流读取 ·········· 130
  2. 灯光系统执行元件测试 ·········· 131
二、灯光系统故障诊断导图 ·········· 131
  1. 仪表指示灯不工作故障诊断导图 ·········· 131
  2. 前照灯不亮故障诊断导图 ·········· 132
三、灯光系统快修案例 ·········· 132
  1. 前照灯灯光不亮 ·········· 132
  2. 前照灯光束不正确 ·········· 133
  3. 前照灯灯光亮度下降 ·········· 134
  4. 灯泡频繁烧坏 ·········· 134
  5. 汽车倒车灯工作不正常 ·········· 135
  6. 汽车转向灯光闪烁频率不一致 ·········· 135
  7. 汽车转向灯工作而警告灯不工作 ·········· 136
  8. 当点火开关转到 ON 位置时, AFS OFF 指示灯变亮 ·········· 137
  9. AFS 不工作 ·········· 137
  10. 当按下 AFS OFF 开关时，AFS 仍工作 ·········· 137
  11. 自动调平功能不正常 ·········· 138

第十五章　充电与起动系统故障诊断与快修实例　139

一、发电机系统故障诊断 ·········· 139
  1. 发电机系统数据流读取 ·········· 139
  2. 发电机系统执行元件测试 ·········· 140
二、充电与起动系统故障诊断导图 ·········· 140
  1. 发电机不发电故障诊断导图 ·········· 140

目录

　　2. 蓄电池漏电故障诊断导图 ·················· 140
　　3. 起动机不工作故障诊断导图 ·················· 141
　三、充电与起动系统快修案例 ·················· 142
　　1. 蓄电池电量不足 ·················· 142
　　2. 蓄电池漏电严重 ·················· 142
　　3. 发电机发电量不足 ·················· 142
　　4. 充电系统不充电 ·················· 143
　　5. 充电系统指示灯长亮 ·················· 144
　　6. 发电机异响 ·················· 144
　　7. 起动机无法停止 ·················· 145
　　8. 起动机无法起动 ·················· 145
　　9. 起动机异响 ·················· 146
　　10. 起动机驱动齿轮与飞轮齿轮撞击声 ·················· 147
　　11. 起动机无力 ·················· 148
　　12. 起动机空转 ·················· 148

参考文献 ·················· 149

第一章　汽车故障诊断设备及使用方法

一、汽车故障诊断仪及使用方法

1. 汽车故障诊断仪特点

以元征 X-431 汽车故障诊断仪（图 1-1）为例，它用诊断计算机对汽车内部各电控系统进行自动化检测，检测结果以文字、数据、波形等形式显示在显示屏上。汽车故障诊断仪一般具有读取故障码、清除故障码、读取数据流及波形、动作测试等功能。

图 1-1　元征 X-431 汽车故障诊断仪

2. 汽车故障诊断仪使用方法

以元征 X-431 汽车故障诊断仪为例，它的使用方法如下：

（1）在车辆上找到诊断座，然后将测试插头与汽车诊断座相连接（图 1-2）。注意：如果所测汽车的诊断座电源不足或其电源引脚损坏，可通过以下任一方式获取电源：

1）将汽车点烟器取出，然后将点烟器线的一端插入汽车点烟器孔，另一端与 X-431 测试主线的电源插头连接。当需关闭点火开关时应先关闭 X-431，以防止非法关机。

2）将双钳电源线的电源钳夹在蓄电池的正、负极，另外一端插入 X-431 测试主线的电源插头。

3）将电源转接线的一端插入 100~240V 交流电源插座，另一端插入开关电源的插孔内，并将开关电源的电源插头与 X-431 测试主线的电源插头连接。

图 1-2　连接测试插头

(2)连接完成后,按下"POWER"电源键启动 X-431,此时"POWER"电源指示灯也亮起(图1-3)。

(3)如图1-4所示,X-431 自动进入"信息界面"。

图1-3 "POWER"电源指示灯

图1-4 "信息界面"

(4)如图1-5所示,单击"确定",进入下一界面。

(5)单击"开始",并在其弹出菜单中选择"诊断程序"→"汽车解码程序"(图1-6)。

图1-5 单击"确定"

图1-6 弹出"汽车解码程序"菜单

(6)如图1-7所示,单击"汽车解码程序",然后进入 X-431 等待界面。

(7)如图1-8所示,单击"X-431等待界面",进入"X-431开始界面"。

图1-7 单击"汽车解码程序"

图1-8 单击"X-431等待界面"

(8)如图1-9所示,单击"X-431开始界面"。

(9)单击"X-431开始界面"后,开始界面变为蓝色,如图1-10所示。

图1-9 单击"X-431开始界面"

图1-10 开始界面变为蓝色

（10）等待片刻，然后进入 X-431 车系选择界面（图 1-11）。

（11）以起亚品牌轿车为例，单击"起亚图标"，如图 1-12 所示。

图 1-11 进入 X-431 车系选择界面

图 1-12 单击"起亚图标"

（12）稍等片刻，显示屏显示起亚轿车诊断软件版本的选择菜单。单击"KIA V42.50 全系统"（图 1-13）。在 X-431 不断升级过程中，在 CF 卡里可能存储多个版本的诊断软件，以选择最新版本为先。

（13）选择诊断软件版本后，它变为蓝色，然后单击右下的"确定"，如图 1-14 所示。

图 1-13 选择诊断软件版本

图 1-14 单击"确定"

（14）单击"确定"后 X-431 将对 SMARTBOX 进行复位和检验（图 1-15）。

（15）SMARTBOX 复位和检验完成后，单击右下方的"确定"，如图 1-16 所示。

图 1-15 下载诊断程序

图 1-16 单击"确定"

（16）稍等片刻之后出现诊断座的"选择菜单"，如图 1-17 所示。

（17）单击"16PIN 诊断座"，如图 1-18 所示。

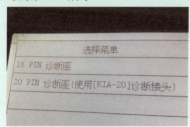

图 1-17 诊断座的"选择菜单"

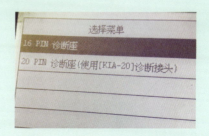

图 1-18 单击"16PIN 诊断座"

（18）进入车型选择菜单，如图1-19所示。

（19）选择好车型后自动进入各个系统的选择菜单，主要包括"发动机系统""自动变速箱系统""防抱死制动系统"等，如图1-20所示。

图1-19　车型选择菜单

图1-20　各个系统的选择菜单

二、汽车数字式万用表及使用方法

1. 汽车数字式万用表特点

汽车数字式万用表（图1-21）除可以检测电压、电阻和电流等参数外，还具有检测二极管正向压降、晶体管静态电流放大倍数、电容、电感及线路通断测试等功能。

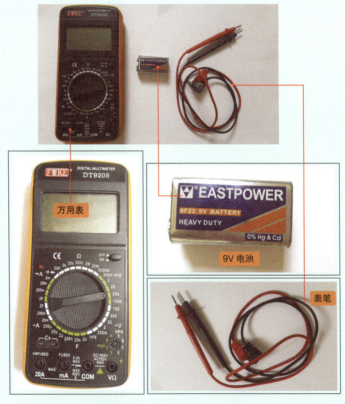

图1-21　汽车数字式万用表

第一章　汽车故障诊断设备及使用方法

（1）注意事项。在使用汽车数字式万用表之前先检查 9V 电池电压是否正常，如果汽车数字式万用表电源电压偏低，则仪表屏幕上将显示"蓄电池"符号，表示电源电压不足，需要更换电池。同时还要注意功能面板上所标注的最大输入值，千万不要超量程测量，否则将会损坏仪表。

（2）安装电池方法（图 1-22）。首先将汽车数字式万用表翻到背面，拆开电池盖，然后将 9V 电池对准安装在电源线的正负极接口上，同时将其放置在电池槽内，最后安装好电池盖并套上汽车数字式万用表的护套。

第一步：拆开电池盖

第二步：装入 9V 电池

第三步：装入电池盖

第四步：拧紧电池盖螺钉

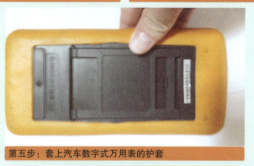
第五步：套上汽车数字式万用表的护套

图 1-22　安装电池方法

2. 汽车数字式万用表使用方法

汽车数字式万用表的结构不同，使用方法有所差异，下面以 DT9205 为例，说明汽车数字式万用表的使用方法。

（1）交流电压的测量。

1）将功能旋钮选择开关旋至"~V"区域内恰当的电压量程档，如图 1-23 所示。

2）将红表笔插入"VΩ/Hz"插孔，黑表笔插入"COM"插孔，如图 1-24 所示。

3）将电源开关"OFF/ON"按下，直到液晶显示屏显示时即可测量交流电压，如图 1-25 所示。

4）将两表笔与被测线路并联，液晶显示屏将显示被测交流电压值和红表笔所接端的极性。

图1-23 功能旋钮调整至"~V"电压区域

图1-24 插入红表笔和黑表笔

图1-25 按下电源开关

注意：如图1-26所示，在"VΩ"和"COM"插孔之间标有"MAX DC1000V AC750V"，它表示最大直流被测电压不能超过1000V，最大交流电压有效值不能超过750V。因此被测交流电压不能超过750V，否则有损坏仪表的危险。

图1-26 电压测量范围

（2）直流电压的测量。

1）将功能旋钮选择开关旋至"⎓V"区域内恰当的电压量程档，如图1-27所示。

2）将红表笔插入"VΩ/Hz"插孔，黑表笔插入"COM"插孔。

3）将电源开关"OFF/ON"按下，直到液晶显示屏显示时即可测量直流电压，如图1-28所示。

4）将两表笔与被测线路并联，液晶显示屏将显示被测直流电压值和红表笔所接端的极性。

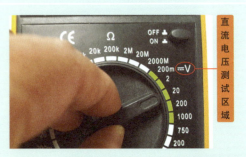

图1-27 功能旋钮调整至"⎓V"电压区域

第一章　汽车故障诊断设备及使用方法

5）再次将电源开关"OFF/ON"按下,关闭汽车数字式万用表,如图1-29所示。

图1-28　按下电源开关"OFF/ON"　　　　　图1-29　再次按下电源开关"OFF/ON"

（3）直流电流的测量。

1）将功能量程选择开关旋至"⎓A"区域内恰当的电流量程档,如图1-30所示。

2）如图1-31所示,将黑表笔插入"COM"插孔,如果最大被测电流为200mA,红笔表应插在"mA"孔内;如果最大被测电流为20A,红表笔则应插在"20A"孔内,并且测量时,两表笔串联在电路中。

图1-30　功能旋钮调整至"⎓A"电流区域　　　图1-31　红表笔插孔位置

3）将电源开关"OFF/ON"按下,直到液晶显示屏显示时即可测量直流电流;当再次将电源开关"OFF/ON"按下,关闭汽车数字万用表。

注意：若20A直流电流档测量时显示"1"（图1-32）,说明输入值超过测量范围,应立即中断测量;此外,由于20A插孔没有熔丝,测量时间应小于15s。

图1-32　超过测量范围

（4）交流电流的测量。将功能量程选择开关旋至"~A"区域内恰当的电流量程档,如图1-33所示。其余的操作与测直流电流相同。

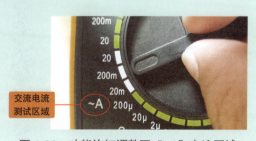

图1-33　功能旋钮调整至"~A"电流区域

（5）电阻的测量。如图1-34所示，将功能量程选择开关旋至"Ω"区域内恰当的电阻量程档，黑表笔插"COM"插孔，红表笔插"VΩ"插孔，将电源开关"OFF/ON"按下，最后将表笔接在被测电阻的引脚上，并从液晶显示屏读取数据。

注意：若测量时液晶显示屏显示"1"，则应换用高档量程测量。

图1-34 功能旋钮调整至"Ω"电阻区域

（6）电容的测量。如图1-35所示，将功能量程选择开关旋至"F"区域内恰当的电容量程档，按下电源开关"OFF/ON"，并将被测电容的两引脚插入面板左端的"CX"插口，即可测量电容值。

注意：若测量时液晶显示屏显示"1"，则应换用高档量程测量。

图1-35 功能旋钮调整至"F"电容区域

（7）晶体管放大系数的测量。如图1-36所示，将功能量程选择开关旋至"hFE"档，并按下电源开关"OFF/ON"。根据被测晶体管的型号及管脚名称，将其插入面板右下端的"NPN"或"PNP"相应插孔中，显示屏就会显示出该晶体管放大系数的近似值。

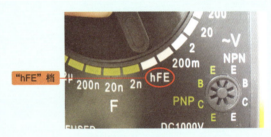

图1-36 功能旋钮调整至"hFE"档

（8）二极管与通断测试。如图1-37所示，将功能量程选择开关旋至"二极管"蜂鸣档，并按下电源开关"OFF/ON"。红表笔接二极管的正极，黑表笔接负极，液晶显示屏显示二极管的正向压降；当待测件两端电阻值小于70Ω时，仪表内置蜂鸣器连续发声。

图1-37 功能旋钮调整至"二极管"蜂鸣档

三、汽车试灯及使用方法

1. 汽车试灯特点

汽车试灯由导线、测试端头（探头、探针）及搭铁夹组成，如图1-38所示。它主要用来检查电源系统是否给各电气系统提供电源。汽车试灯形状各异，甚至可以自制，但它们的使用方法基本一样。

图1-38 汽车试灯

第一章　汽车故障诊断设备及使用方法

2. 汽车试灯的使用方法

如图1-39所示，汽车试灯使用时，将搭铁夹搭铁，另一端接电气部件电源插头或线束，如试灯亮，说明此处电路有电源；如试灯不亮，说明此处电路没有电源，需再接靠近电源方向的第二个接线点，如试灯亮，则在第一接点与第二接点之间电路出现断路故障。如试灯仍不亮，则再去接第三接点……，直到试灯亮为止。且电源故障在最后被测插头与上一个被测接点间的电路上，大多为断路故障。

图1-39　汽车试灯的使用

四、听诊器及使用方法

1. 听诊器特点

如图1-40所示，听诊器是一种检查汽车异响故障的最基本的工具，它能在汽车运转时探测到轴承、齿轮、气门、曲轴、活塞、变速器、传动轴等运转部件的缺陷和故障所产生的冲击振动。利用听诊器能够帮助维修人员找到旋转机械部件故障的问题根源，从而节省时间、提高检测效率。

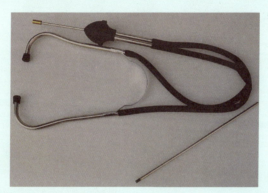

图1-40　听诊器

2. 听诊器的使用方法

如图1-41所示，首先一名技师将听诊器抵触在怀疑汽车零部件存在异响的部位，然后仔细听汽车零部件的响声，同时另外一名技师反复踩踏加速踏板让发动机转速变化。如果突然加速或减速时，听诊器抵触部位确实有明显的异响，则说明该汽车零部件存在故障，应该对该汽车零部件进行维修或更换。

图1-41　听诊器的使用方法

9

五、制动液诊断分析仪及使用方法

1. 制动液诊断分析仪特点

制动液检测仪是一款通过检测制动液中的含水量,来判断制动液是否需要更换的手持式汽车检测设备,可以用来检测DOT3、DOT4和DOT5.1制动液。以DY23制动液检测仪为例,它的控制面板如图1-42所示。

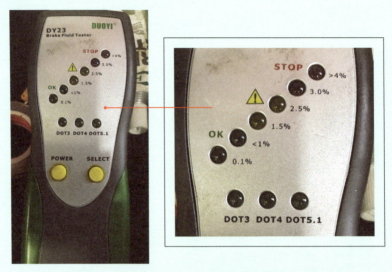

图1-42 DY23制动液检测仪

2. 制动液诊断分析仪的使用方法

(1)按下"POWER"开机键(图1-43),所有指示灯闪亮一次,蜂鸣响2s,制动液检测仪自检完成。

(2)按"SELECT"选择键,选择检测车辆所用的制动液类型(为DOT3、DOT4或DOT5.1中的一种),且有状态指示灯指示。

图1-43 "POWER"开机键及"SELECT"选择键

(3)如图1-44所示,将检测探头擦拭干净放进制动液储液罐中,即可显示检测结果。

1)绿灯表示制动液中水的质量分数小于1%,制动液为合格状态。

2)第一个黄灯表示制动液中水的质量分数为1.5%左右,制动液需要更换。

3)第二个黄灯表示制动液中水的质量分数为2.5%左右,制动液需要更换。

4)第一个红灯表示制动液中水的质量分数为3%左右,此时的制动液不能再使用。

5)第二个红灯表示制动液中水的质量分数为4%左右,此时的制动液不能再使用。

图1-44 制动液诊断分析仪的使用

(4)检测完成后按下"POWER"关机键,然后将检测探头擦拭干净,最后将制动液检测仪置于工具箱中存放。

六、冷却系统检测仪及使用方法

1. 冷却系统检测仪特点

如图1-45所示，冷却系统检测仪是汽车检测的必备工具之一，它能够迅速检测到散热器、水管以及接口等部件是否出现泄漏，操作简单方便，并且配有多种专用插头，适合不同车型。

图1-45　冷却系统检测仪

2. 冷却系统检测仪的使用方法

（1）发动机冷却后，小心地拆下冷却液储液罐盖，并向罐内加注发动机冷却液至加注口颈部。

（2）将冷却系统检测仪与储液罐连接，如图1-46所示。

图1-46　将检测仪与储液罐连接

（3）如图1-47所示，推动真空泵手柄直到压力达到93~170kPa。当压力表指示数值达到规定压力时，应停止加压。观察压力表上数值的变化。在5min内没有变化，说明冷却系统没有泄漏；如下降过快，说明冷却系统存在严重泄漏。

图1-47　推动真空泵手柄加压

汽车故障诊断思路与快修实例

七、汽车内窥镜及使用方法

1.汽车内窥镜特点

汽车内窥镜是针对汽车维修领域设计的一种专业设备,它主要用于观察汽车零部件内部是否存在积炭或堵塞的异常情况,同时也避免了对机件多次拆装而造成的零部件损害。汽车内窥镜操作简单,灵活、小巧,便于携带,柔软、细小、可弯曲的插入管可以到达需要检查的任何隐蔽部位。汽车内窥镜的结构如图1-48所示。

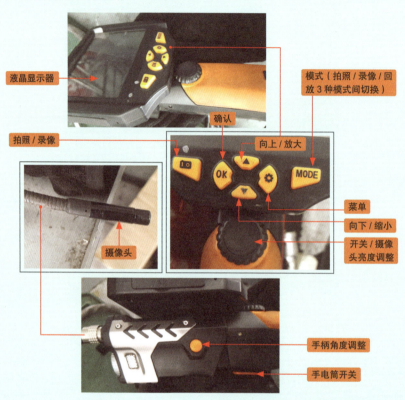

图1-48 汽车内窥镜

2.汽车内窥镜的使用方法

如图1-49所示,首先打开汽车内窥镜"开关",然后将摄像头抵触至需要观察的零部件内部,再调整汽车内窥镜的参数来观察零部件的内部,从而判断零部件内部是否存在故障。

图1-49 汽车内窥镜的使用

第二章 发动机机械系统故障诊断与快修实例

一、发动机机械系统故障诊断方法

1. 外观诊断

如图 2-1 所示，外观诊断就是用眼睛观察发动机线路是否有松脱、断裂，燃油是否泄漏，进气、排气系统有无破损漏气，发动机有无漏油、漏水以及发动机零部件有无明显的损坏或安装螺栓松动等异常情况。

图 2-1 外观诊断

2. 异响诊断

用耳朵，或借助于螺钉旋具、听诊器等听一听发动机有无漏气声、发动机有无异响、喷油器有无规律的"咔嗒"声等。如图 2-2 所示，使用听诊器诊断时，需要将听诊器抵触在怀疑发动机存在异响的部位，然后反复踩踏加速踏板让发动机转速变化，如果突然加速或减速时，听诊器抵触部位有明显的异响，则应对异响部位进行维修。

图 2-2 听诊器诊断发动机异响

二、发动机机械系统故障诊断导图

1. 发动机异响诊断导图

发动机异响诊断导图如图 2-3 所示。

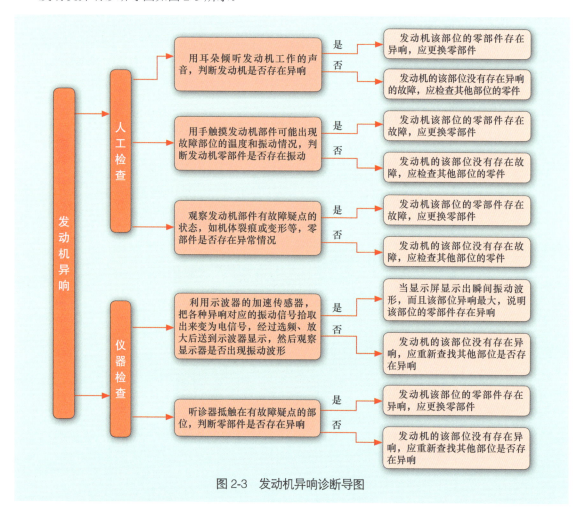

图 2-3　发动机异响诊断导图

2. 发动机漏油诊断导图

发动机漏油诊断导图如图 2-4 所示。

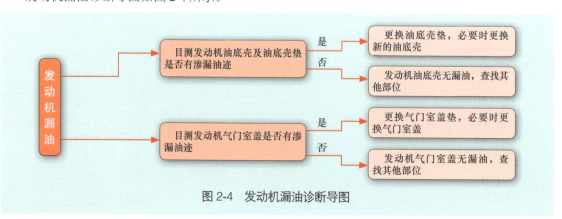

图 2-4　发动机漏油诊断导图

第二章 发动机机械系统故障诊断与快修实例

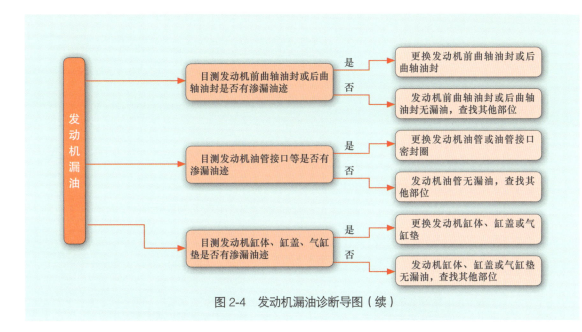

图 2-4　发动机漏油诊断导图（续）

3. 发动机漏水诊断导图

发动机漏水诊断导图如图 2-5 所示。

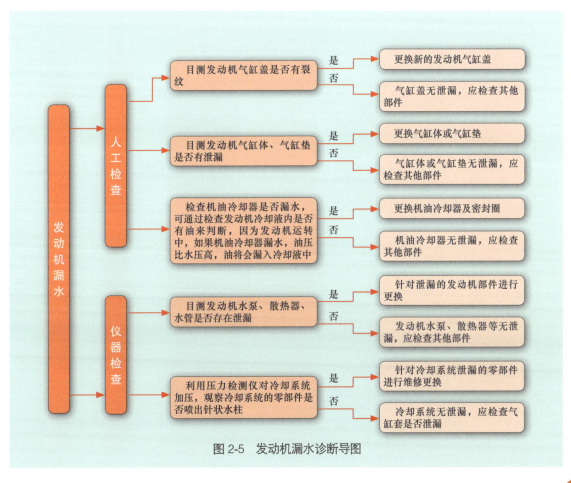

图 2-5　发动机漏水诊断导图

15

三、发动机机械系统快修案例

1. 气缸垫烧坏

【故障现象】

一辆 2010 年款标致 307 1.6L 轿车，车主反映该车高速时冷却液温度过高，怠速时冷却液温度恢复正常，此外气缸体有漏油的痕迹。

【故障诊断与排除】

（1）首先对发动机进行全面的检查，发现发动机冷却液呈现乳白色，并且气缸体有漏油的痕迹，根据经验判断是由发动机冷却液温度过高导致气缸垫被烧坏而造成的。

（2）将发动机的冷却液排空。

（3）将与缸盖有关的附件拆下，如电喷系统的相关附件、水泵、水管、进气管等。

（4）将发动机的机油抽干，如图 2-6 所示。

（5）拆卸发动机的气缸盖总成，如图 2-7 所示。

图 2-6 抽干发动机机油

图 2-7 拆卸气缸盖总成

（6）将旧气缸垫取出，如图 2-8 所示。

（7）将气缸体表面用刮刀清洁干净，如图 2-9 所示。

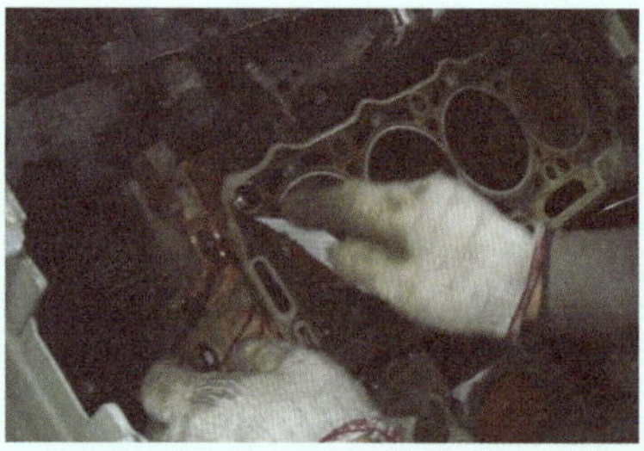

图 2-8 旧气缸垫

图 2-9 清洁气缸体表面

（8）将气缸盖表面用刮刀清洁干净，如图 2-10 所示。

（9）如图 2-11 所示，选择新气缸垫，然后正确安装至气缸体上。

图 2-10 清洁气缸盖表面

图 2-11 新气缸垫

(10) 将气缸盖安装至气缸体上。
(11) 安装气门室盖、点火正时、火花塞等部件。
(12) 向发动机内添加机油及冷却液后即可完成气缸垫的安装。
(13) 起动发动机,让发动机工作一段时间后进行路试,发动机冷却液温度正常。
(14) 再次升起车辆查看,发动机缸体漏油、漏水现象不再出现,故障彻底排除。

2. 发动机传动带异常、严重开裂

【故障现象】

一辆 2009 年款东风日产骊威 1.6L 轿车,行驶里程为 9 万 km,车主反映早上该车发动机无法起动,一个星期前在 4S 店更换蓄电池后,故障依旧。

【故障诊断与排除】

(1) 起动发动机检查,怠速时发电机发电电压为 12.9V,加速时发电电压变化不大,最高只有 13.2 V(正常发电电压应在 13.5V 以上)。

(2) 关闭发动机,检查发动机传动带,发现该传动带出现严重开裂的现象,必须进行更换。

(3) 如图 2-12 所示,用扳手转动发动机传动带自动张紧器,并取下传动带。

(4) 如图 2-13 所示,将新的发动机传动带按照原来路径套好。

图 2-12 转动自动张紧器

图 2-13 安装新发动机传动带

(5) 起动发动机,重新检查发电机的发电电压,达到 13.5V 以上,说明发电机发电正常。

(6) 将拆卸的其他部件恢复安装,汽车恢复正常,故障排除。

3. 气门液压挺柱异响

【故障现象】

一辆 2009 年款江淮和悦 RS 1.8L 轿车,车主反映该车在怠速时发动机气门有"嗒嗒"的异响。

【故障诊断与排除】

(1) 首先起动发动机,听到"嗒嗒"的响声是从气门室盖中发出,且随发动机转速升高其频率增高。

(2) 检查发动机机油量及机油黏度均正常。

(3) 连接发动机机油压力表测试发动机机油压力,与原厂规定相符合。

(4) 根据经验一般是气门液压挺柱损坏造成的,于是决定拆开气门室盖进行检查。

（5）如图2-14所示，拆下气门室盖及其他附件。

（6）如图2-15所示，使用塞尺检查气门液压挺柱与导孔的间隙。

图2-14　拆卸气门室盖

图2-15　检查气门液压挺柱

（7）在气门液压挺柱与导孔的间隙符合标准的情况下，允许有轻微响声存在，但检查时发现间隙超过规定值，应更换气门液压挺柱。

（8）更换后，起动发动机，检查其工作情况，发动机工作平稳，异响消除。

4. 正时链条过度磨损

【故障现象】

一辆2007年款雅阁2.4L轿车，行驶里程达到13万km，车主反映该车在怠速时发动机正时盖内有"嗒嗒"的异响。

【故障诊断与排除】

（1）首先起动发动机，听到"嗒嗒"的响声是从正时盖中发出，且随发动机转速升高其频率增高。

（2）检查发动机机油量及机油黏度均正常。

（3）询问车主得知该车10万km时没有按照保养规定更换正时链条，根据经验判断"嗒嗒"声应为正时链条异响，于是决定对正时链条进行检查。

（4）如图2-16所示，检查链条的工作情况，发现正时链条过度磨损。于是决定更换发动机正时链条及张紧器、链条导板等相关部件。

（5）更换完成后，起动发动机检查其工作情况，发动机工作平稳，正时链条异响消除，故障彻底排除。

图2-16　检查正时链条

5. 发动机润滑油中有水

【故障现象】

一辆2016年款雅阁2.0L轿车，行驶里程为6.7万km，在行驶过程中发动机冷却液温度过高，停车检查发现冷却液从散热器溢出，并且发动机机油呈乳白色。

【故障诊断与排除】

（1）首先对车辆进行基本检查，发动机机油呈乳白色并伴有泡沫，这说明发动机机油中有水。

（2）检查各缸的火花塞，发现位于正时带轮侧的第1缸火花塞颜色发白，表明气缸内有水。

（3）检查散热器内的冷却液，发现冷却液中始终存在气泡，表明发动机气缸垫密封不良导致冷却液泄漏，从而进入气缸内。

（4）更换发动机气缸垫后发动机温度正常，故障排除。

6. 废气涡轮增压器异常

【故障现象】

一辆2008年款奥迪A6轿车，行驶里程为18.9万km，车主反映该车发动机性能变差，还出现废气涡轮增压器有异响的故障。

【故障诊断与排除】

（1）首先检查发动机基本工作条件，得知发动机供油量和气缸压力都正常。目测进、排气管路中的全部软管、垫片和管道，并没有发现损坏。

（2）拆开废气涡轮增压器并仔细观察，发现废气涡轮增压器的涡轮和动力涡轮并没有出现弯曲、破裂或过度磨损现象。

（3）用手旋转涡轮，手感阻力过大，转动时有黏滞感，说明涡轮损坏。

（4）更换废气涡轮增压器后进行试车，发动机一切正常，故障彻底排除。

7. 三元催化转化器损坏

【故障现象】

一辆2009年款本田锋范1.8L轿车，行驶里程为8.9万km，该车加速不良，并且容易熄火。

【故障诊断与排除】

（1）首先起动发动机，发动机能正常起动，但是怠速不稳，而且发动机抖动严重，很快就熄火，并且排出的气体有严重刺激性气味。

（2）根据以往维修经验以及排气特点，判定三元催化转化器有故障，应更换。

（3）拆下三元催化转化器，如图2-17所示。

（4）安装新的三元催化转化器、三元催化转化器罩及A/F传感器等，如图2-18所示。

图2-17 旧三元催化转化器

图2-18 安装好三元催化转化器相关部件

（5）起动发动机，发动机正常起动，然后驾驶车辆进行路试，加速性能良好，故障彻底排除。

8. 排气管垫片损坏

【故障现象】

一辆 2010 年款标致 307 1.6L 轿车，车主反映该车排气管"吱吱"响，并且发动机动力不足。

【故障诊断与排除】

（1）根据以往维修经验以及排气特点，判定排气管"吱吱"响的原因是排气管垫片损坏。

（2）首先起动发动机，让发动机保持怠速状态。然后升起车辆检查发动机排气系统，发现中间排气管接合处有冒烟的现象，说明排气管垫片损坏，应更换。

（3）拆下排气管紧固螺母，如图 2-19 所示。

（4）用螺钉旋具拆下损坏的排气管垫片，如图 2-20 所示。

图 2-19　排气管紧固螺母

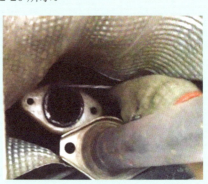

图 2-20　拆下损坏的排气管垫片

（5）选择新排气管垫片，如图 2-21 所示。

（6）安装好排气管，如图 2-22 所示。

图 2-21　新排气管垫片

图 2-22　安装好排气管

（7）更换排气管垫片后，起动发动机，排气管"吱吱"声消除。然后驾驶车辆进行路试，加速性能良好，故障彻底排除。

9. 节温器损坏

【故障现象】

一辆 2004 年款君威 2.0L 轿车，行驶里程超过 30 万 km，车主反映该车冷却液温度异常高。

【故障诊断与排除】

（1）首先检查发动机冷却液，发现冷却液充足，发动机冷却系统无泄漏现象。

（2）将发动机故障检测仪接入发动机电控系统中，读取冷却液温度在 96℃ 左右，随着发动机的运转，几分钟后冷却液温度达到了 106℃，并很快升到 120℃，此时发动机冷却液储液罐盖处不断地冒水蒸气。

(3)询问车主得知,该车已经更换了发动机水泵,并且清洗了散热器,但故障依旧。当节温器损坏后,发动机将不能进行大循环冷却,于是决定更换节温器。

(4)将发动机冷却液排干净后,拆下节温器外壳的两颗紧固螺栓,如图2-23所示。拆开外壳取下节温器。

(5)如图2-24所示,安装新节温器,然后涂抹上密封胶。

图2-23 拆下节温器外壳紧固螺栓

图2-24 安装新节温器

(6)拧紧节温器外壳的两颗螺栓,然后将其他部件按照与拆卸相反的顺序进行安装。
(7)添加发动机冷却液至规定刻度线。
(8)经过路试后,发动机冷却液温度恢复正常,故障彻底排除。

10. 散热器损坏

【故障现象】

一辆2007年款雅阁3.0L轿车,在低速或高速行驶时,散热器温度很高,但在城市道路中速行驶时无此现象。

【故障诊断与排除】

(1)首先对车辆进行路试,发现故障确如车主反映,冷却液温度变化起伏很大。
(2)用手摸上下水管,发现两端冷却液温差不明显,发动机进出水管均很热,说明发动机散热器出现故障,散热效果变差,必须更换。

(3)如图2-25所示,将散热器中的冷却液排干净。

(4)如图2-26所示,将散热器及冷却风扇总成取下。

图2-25 排放冷却液

图2-26 拆下散热器总成

(5) 如图 2-27 所示，将新散热器及冷却风扇安装好。

(6) 如图 2-28 所示，将新散热器总成安装到车辆上，并将其他部件安装好。

图 2-27　安装冷却风扇至新散热器上

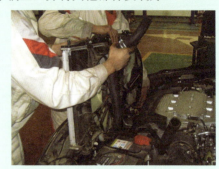

图 2-28　安装新散热器总成

(7) 向新散热器及储液罐添加发动机冷却液至规定刻度线，然后起动汽车。

(8) 经过路试后，发动机冷却液温度恢复正常，故障彻底排除。

11．发动机支脚胶损坏

【故障现象】

一辆 2007 年款雅阁 2.4L 轿车，行驶里程为 10.3 万 km，车主反映该车行驶中有时候抖动厉害，但在平顺的道路行驶正常。

【故障诊断与排除】

(1) 根据故障现象，说明发动机和自动变速器等没有出现故障。

(2) 将自动变速器置于空档位置，对发动机进行加速测试，当发动机转速达到 4500r/min 时，发动机有向前倾斜的现象，同时听到"吱吱"的响声，根据经验判断，应该是发动机支脚胶损坏。

(3) 进行常规检查，发现发动机前支脚胶确实已经损坏且有油迹出现，仔细检查发现支脚胶已经破裂，必须更换。

(4) 如图 2-29 所示，将发动机前支脚胶拆下。

(5) 如图 2-30 所示，选择新的发动机前支脚胶并安装到车上。

图 2-29　拆下发动机前支脚胶

图 2-30　安装新的发动机前支脚胶

(6) 更换新的发动机前支脚胶后进行路试，发动机抖动现象消除，故障排除。

第三章 发动机控制系统故障诊断与快修实例

一、发动机控制系统故障诊断方法

1. 发动机控制系统故障码的读取

(1) 以 X-431 诊断海马品牌轿车为例，首先启动 X-431，然后找到"海马诊断系统"，如图 3-1 所示。

(2) 单击"海马诊断系统"，然后进入"动力控制模块（也称发动机控制系统）"，如图 3-2 所示。

图 3-1 找到"海马诊断系统"

图 3-2 动力控制模块

(3) 单击"动力控制模块"，然后会出现功能菜单，如"读取故障码""清除故障码""读取数据流""执行元件测试"等，最后单击"读取故障码"，如图 3-3 所示。

(4) 单击"读取故障码"后，X-431 开始读取故障码，如图 3-4 所示。

图 3-3 单击"读取故障码"

图 3-4 开始读取故障码

(5) 当测试完毕后，在 X-431 的显示屏上将会显示出测试的发动机控制系统故障码，如图 3-5 所示。

图 3-5 发动机控制系统故障码

2. 发动机控制系统故障码的清除

（1）首先启动诊断程序，在功能菜单中单击"清除故障码"，如图3-6所示。

（2）如图3-7所示，进入提示界面，单击"是"则执行清除故障码程序。

图3-6　单击"清除故障码"

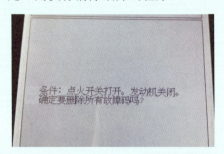

图3-7　提示界面

（3）当发动机控制系统的故障码清理完成则显示"清除成功"，如图3-8所示。如果发动机控制系统还有故障码，则说明该故障依旧存在；如果发动机控制系统故障码清理不成功则显示"故障码清除失败"。

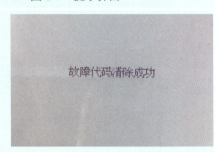

图3-8　清除故障码

3. 发动机控制系统数据流的读取

（1）首先启动诊断程序，在功能菜单中单击"读数据流"选项，然后进入发动机控制系统的"数据流项目"选项，如图3-9所示。

（2）单击所需发动机控制系统的"数据流项目"选项，让其显目条变为蓝色，如图3-10所示。

图3-9　进入"数据流项目"

图3-10　选择"数据流项目"选项

（3）当选择了所需发动机控制系统的"数据流项目"选项后，单击"确定"，显示屏将会显示出发动机控制系统数据流，如图3-11所示。

图3-11　发动机控制系统数据流

第三章　发动机控制系统故障诊断与快修实例

4. 发动机控制系统执行元件测试

（1）首先启动诊断程序，在功能菜单中单击"动作测试"选项，如单击"燃油喷射时间"选项后，驱动执行器进行检测，如图3-12所示。

（2）"燃油喷射时间"测试完毕，显示"燃油喷射时间"测试的结果，如图3-13所示。

图3-12　驱动执行器进行检测

图3-13　显示"燃油喷射时间"测试结果

二、发动机控制系统故障诊断导图

1. 发动机起动困难诊断导图

发动机起动困难诊断导图如图3-14所示。

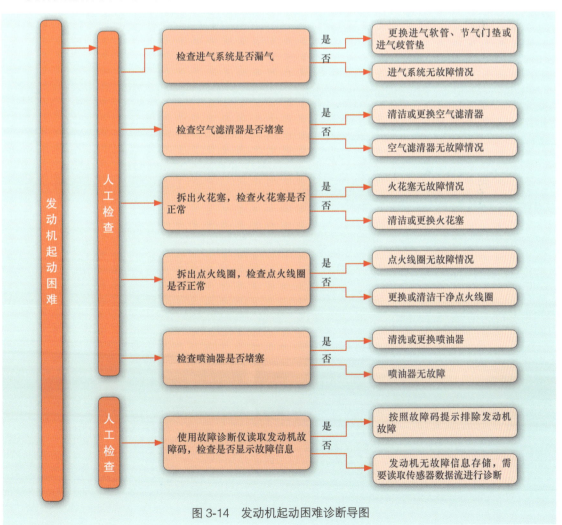

图3-14　发动机起动困难诊断导图

汽车故障诊断思路与快修实例

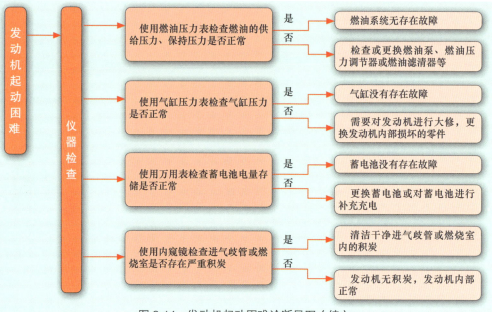

图 3-14 发动机起动困难诊断导图（续）

2. 发动机无法起动诊断导图

发动机无法起动诊断导图如图 3-15 所示。

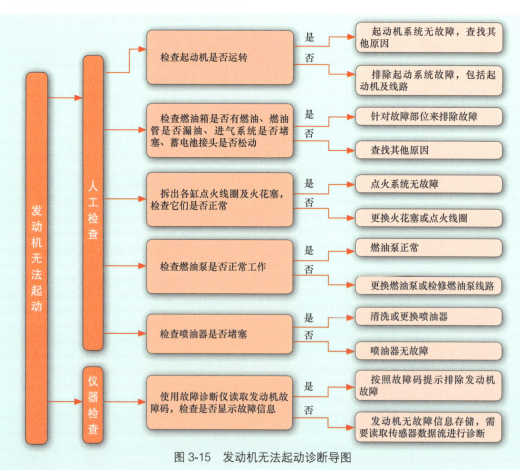

图 3-15 发动机无法起动诊断导图

第三章 发动机控制系统故障诊断与快修实例

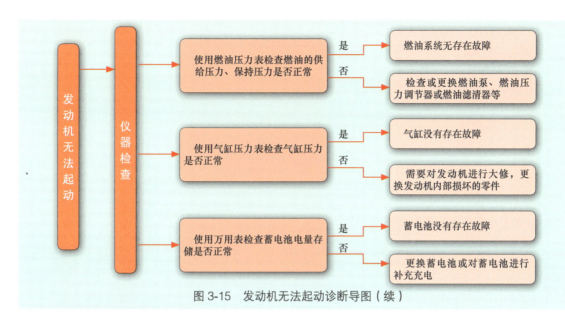

图 3-15 发动机无法起动诊断导图（续）

3. 发动机怠速发抖诊断导图

发动机怠速发抖诊断导图如图 3-16 所示。

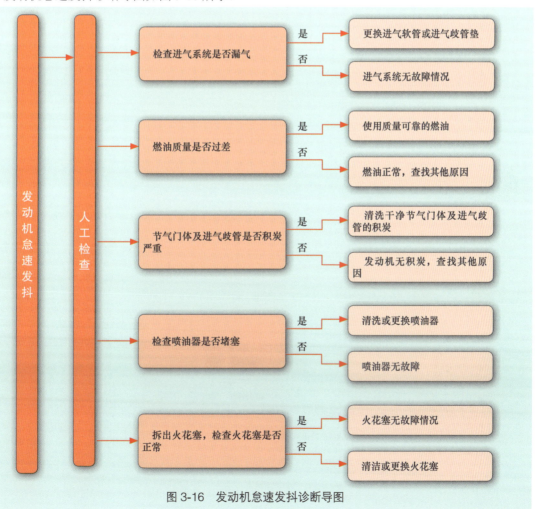

图 3-16 发动机怠速发抖诊断导图

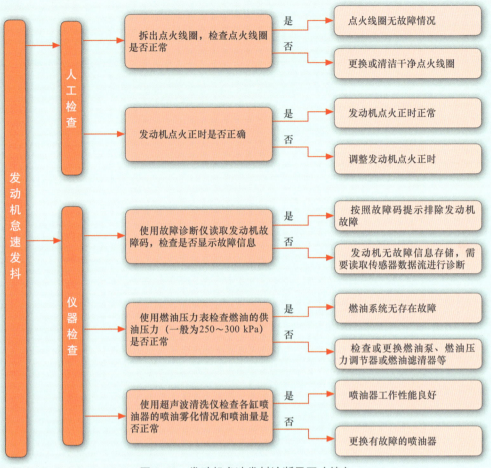

图 3-16　发动机怠速发抖诊断导图（续）

4. 发动机动力不足诊断导图

发动机动力不足诊断导图如图 3-17 所示。

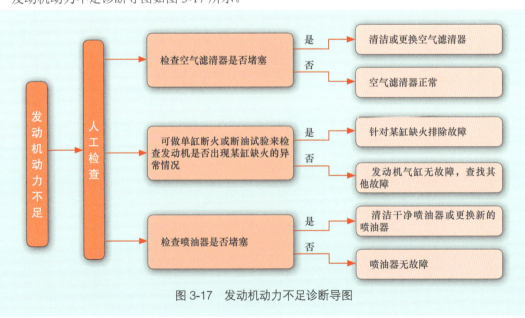

图 3-17　发动机动力不足诊断导图

第三章　发动机控制系统故障诊断与快修实例

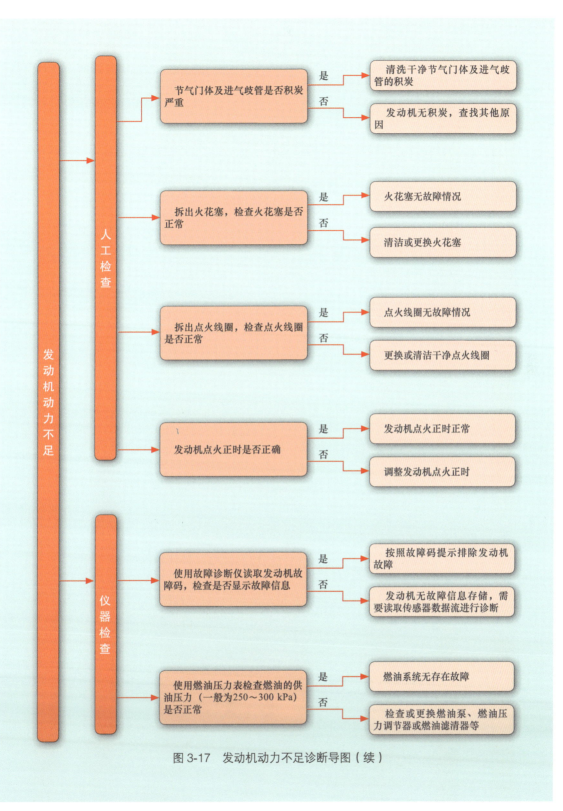

图 3-17　发动机动力不足诊断导图（续）

5. 发动机热车熄火诊断导图

发动机热车熄火诊断导图如图 3-18 所示。

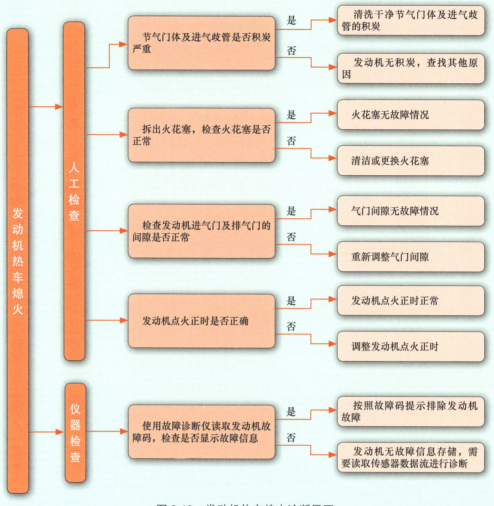

图 3-18　发动机热车熄火诊断导图

6. 发动机冷车抖动诊断导图

发动机冷车抖动诊断导图如图 3-19 所示。

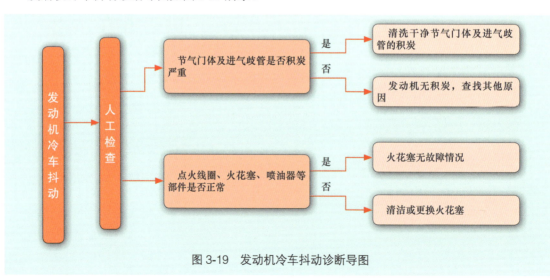

图 3-19　发动机冷车抖动诊断导图

第三章　发动机控制系统故障诊断与快修实例

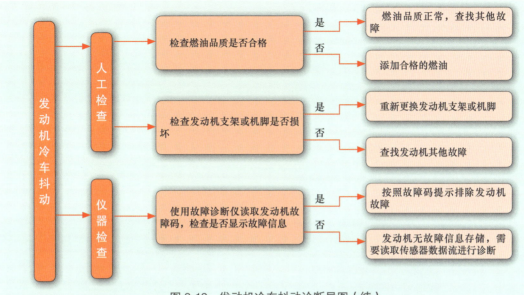

图3-19　发动机冷车抖动诊断导图（续）

三、发动机控制系统快修案例

1．喷油器损坏

【故障现象】

一辆2008年款雅阁2.4L轿车，该车怠速时偶尔抖动严重，无规律熄火且加速不畅。

【故障诊断与排除】

（1）首先读取故障码，但没有故障码输出。

（2）拔出其中一缸点火线圈并安装上火花塞进行跳火检查，起动发动机时发现火花很强，说明点火系统正常。

（3）打开节气门体，发现有许多积炭，便对节气门体进行了清洗，然后试车，未见好转。

（4）接上燃油压力表测量系统油压，油压值为390kPa（标准值为380～430kPa），符合标准。

（5）经过认真地分析，决定拆下喷油器进行清洗。

（6）如图3-20所示，拆下喷油器分配管总成。

（7）如图3-21所示，拆下喷油器及分配管分别进行清洗。

图3-20　拆下喷油器分配管总成

图3-21　清洗喷油器

（8）将喷油器安装至喷油器分配管上，然后将其安装到车辆上。

（9）起动发动机进行检查，发动机一切故障现象消除，故障彻底排除。

2. 燃油泵出现异响

【故障现象】

一辆 2016 年款雅阁 2.4L 轿车，行驶里程为 4 万 km，车主反映该车燃油箱内出现不正常"哒哒"声响。

【故障诊断与排除】

（1）首先将车辆升起检查燃油箱，没有出现凹瘪或碰撞的现象。

（2）经询问车主，了解到该车添加汽油一直在同一个加油站，汽油质量不存在问题，于是拆下燃油泵进行检查，如图 3-22 所示。

（3）如图 3-23 所示，分解燃油泵滤清器后，发现燃油泵供油波纹管凹瘪。

（4）更换燃油泵供油波纹管，然后将其安装至燃油箱内。

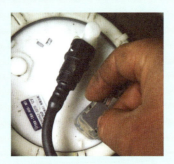

图 3-22　拆下燃油泵

图 3-23　分解燃油泵滤清器

（5）起动发动机进行检查，燃油箱内异响消除，故障彻底排除。

3. 火花塞异常

【故障现象】

一辆 2016 年款雅阁 2.0L 轿车，车主反映该车怠速过高，在 4S 店做了发动机免拆清洗后，怠速恢复了正常，但使用一段时间后发动机不易着车。

【故障诊断与排除】

（1）检查燃油系统压力。首先连接好燃油压力表，然后打开点火开关，起动车辆，将发动机转速提高到 3500r/min，此时油压为 360kPa，说明工作油压正常。

（2）关闭点火开关，发现燃油保持压力下降，但在 2min 内燃油压力保持在 250kPa，说明燃油系统保持压力正常，燃油压力调节器没有损坏。

（3）根据维修经验应进行点火系统的检查，于是决定从火花塞中找原因。

（4）拆下 1 缸点火线圈，然后用火花塞专用工具拆下火花塞，如图 3-24 所示。

（5）如图 3-25 所示，检查火花塞，发现火花塞中心电极已经烧蚀，应将其更换。

图 3-24　拆卸火花塞

图 3-25　检查火花塞

(6) 拆下四个缸的火花塞,然后均换装新火花塞。

(7) 发动机起动正常,不再出现自动熄火以及难起动的现象,故障彻底排除。

4. 点火线圈损坏

【故障现象】

一辆 2005 年款宝来 1.8T 轿车,车主反映该车怠速不稳,高速行驶时发动机抖动。

【故障诊断与排除】

(1) 首先连接好燃油压力表,然后打开点火开关,起动车辆,将发动机转速提高到 2500r/min,此时油压为 280kPa,说明工作油压正常。

(2) 关闭点火开关,发现燃油保持压力下降,但在 2min 内燃油压力保持在 250kPa,说明燃油系统保持压力正常,燃油压力调节器没有损坏。

(3) 根据维修经验应进行点火系统的检查,于是决定从点火线圈中找原因。

(4) 拔下点火线圈上的插接器,如图 3-26 所示。

(5) 取出点火线圈,如图 3-27 所示。

图 3-26 拆卸点火线圈上的插接器

图 3-27 取出点火线圈

(6) 依次拆下所有点火线圈,选择新点火线圈并按照相反顺序安装。

(7) 发动机正常起动,不再出现怠速不稳或发动机抖动现象,故障彻底排除。

5. 燃油泵调压阀故障

【故障现象】

一辆 2011 年款中华骏捷 1.8L 轿车,车主反映该车怠速过高,在 4S 店做了发动机免拆清洗后,怠速恢复了正常,但要打 2~3 次点火开关才能正常起动。

【故障诊断与排除】

(1) 首先拆下火花塞,检查火花塞的技术状况,未发现异常现象。

(2) 连接好燃油压力表,然后打开点火开关,将发动机转速提高到 2800r/min,此时油压为 280kPa,燃油压力正常。

(3) 关闭点火开关,发现燃油保持压力下降,在 2min 内燃油压力降到 110kPa,说明燃油泄压严重,根据维修经验一般为燃油泵压力调节阀损坏,必须进行更换处理。

（4）拆下燃油滤清器总成，如图3-28所示。

（5）如图3-29所示，找到燃油泵压力调节阀，然后拆下。

图3-28　燃油滤清器总成

图3-29　燃油泵压力调节阀位置

（6）如图3-30所示，用螺钉旋具拆下塑料卡扣，便于安装使用。

（7）如图3-31所示，选择新燃油泵压力调节阀进行安装。

图3-30　拆卸塑料卡扣

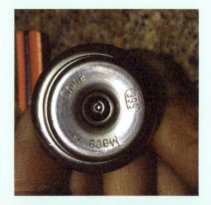

图3-31　新燃油泵压力调节阀

（8）安装新燃油泵压力调节阀后，装复进行试车，点火钥匙旋转到起动位置发动机马上起动，对其进行路试，加速性能良好，故障彻底排除。

6．燃油泵滤网堵塞故障

【故障现象】

一辆2008年款雅阁2.4L轿车，行驶里程为6万km，车主反映该车怠速过高，在4S店做了发动机免拆清洗后，怠速恢复了正常，但使用一段时间后发动机不易起动。

【故障诊断与排除】

（1）首先使用燃油压力表连接至燃油管路中检查油压，显示压力为180kPa（标准值为380～430kPa），明显偏低，可能是燃油管路堵塞造成的。

（2）升起车辆检查燃油管路，没有发现被压扁或折弯的现象，于是决定拆下燃油泵总成进行检查。

(3）拆下燃油泵总成时，仔细检查发现燃油泵滤清器内壳有泥沙，如图3-32所示。

（4）用化油器清洗剂清洁干净燃油泵滤网，如图3-33所示。

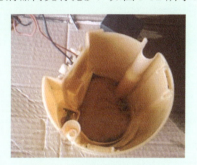

图3-32　燃油泵滤清器内壳

图3-33　清洁燃油泵滤网

（5）将燃油泵滤清器内壳用化油器清洗剂清洁干净，然后更换燃油滤清器，如图3-34所示。

（6）将燃油箱内多余的汽油抽出来，将燃油箱内的泥沙处理干净。

（7）重新安装燃油滤清器总成，然后重新添加汽油。

（8）发动机起动正常，检查燃油压力达到390kPa，在标准范围内，故障彻底排除。

图3-34　更换燃油滤清器

7．空气流量传感器故障

【故障现象】

一辆2016年款雅阁2.4L轿车，行驶里程为6000km，出现故障码P0171：混合气过稀，清除故障码后，行驶几分钟故障灯再次点亮。

【故障诊断与排除】

（1）首先检查发动机电气系统线束，没有发现异常情况。

（2）检查燃油系统压力。首先连接好燃油压力表，然后打开点火开关，起动车辆，将发动机转速提高到3500r/min，此时油压为360kPa，说明工作油压正常。

（3）如图3-35所示，用故障诊断仪读取的空燃比反馈值一直为1.47，说明混合气过稀。

（4）如图3-36所示，起动发动机让其处于怠速状态，用故障诊断仪读取空气流量传感器（MAF传感器）信息，数值一直为2.6 g/s，明显与怠速正常值（3.4g/s）不符，确认空气流量传感器故障。

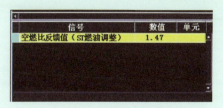

图3-35　空燃比反馈值

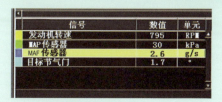

图3-36　空气流量传感器（MAF传感器）数据

(5)更换空气流量传感器,然后起动发动机,发动机能正常起动,怠速时 MAF 传感器数值达到 3.4g/s,故障彻底排除。

8. 发动机冷却液温度传感器故障

【故障现象】

一辆 2005 年款切诺基 4.0L 汽车,车主反映该车油耗增加,在 4S 店做了发动机免拆清洗后故障依旧,还伴随发动机冷却液温度偏高。

【故障诊断与排除】

(1)首先对发动机进行基本检查,没有发现任何部件插接器出现脱落或损坏的异常情况。

(2)连接故障诊断仪并没有发现任何故障码,根据以往对该车型的维修经验,一般是发动机冷却液温度传感器损坏,导致燃油消耗过大,于是应进行更换处理。

(3)如图 3-37 所示,拆卸发动机冷却液温度传感器。

(4)如图 3-38 所示,选择新的发动机冷却液温度传感器。

图 3-37　拆下发动机冷却液温度传感器

图 3-38　新旧发动机冷却液温度传感器对比

(5)将新发动机冷却液温度传感器安装至发动机上。

(6)起动发动机,发动机冷却液温度正常,并且油耗也恢复了正常,故障彻底排除。

9. EGR 电磁阀故障

【故障现象】

一辆 2008 年款雅阁 2.0L 轿车,车主反映该车不容易起动,踩加速踏板可以着车,但抖动严重,甚至熄火。

【故障诊断与排除】

(1)检查燃油系统压力。首先连接好燃油压力表,然后打开点火开关,起动车辆,将发动机转速提高到 3500r/min,此时油压为 280kPa,说明工作油压正常。

(2)关闭点火开关,发现燃油保持压力下降,但在 2min 内燃油压力保持在 250kPa,说明燃油系统保持压力正常,燃油压力调节器没有损坏。

(3)如图 3-39 所示,用 HDS 进入诊断系统未见到 DTC,用手动触发记录数据分析后发现数据明显异常。

(4)如图 3-40 所示,EGR(废气再循环)阀升程传感器初期基准值设定为 1.18V,因为会受到老化等因素的影响,所以有可能在 0～1.6V 之间变动。阀门磨损会造成小于 1.18V;阀门积炭会造成大于 1.18V。此处的电压 HDS 中反馈值为 2.00V,说明此处存在积炭。

第三章　发动机控制系统故障诊断与快修实例

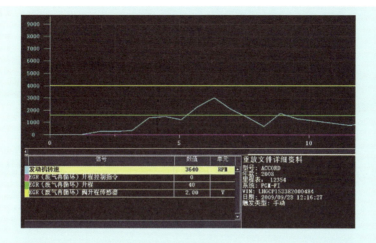

图 3-39　异常 EGR 电磁阀数据流

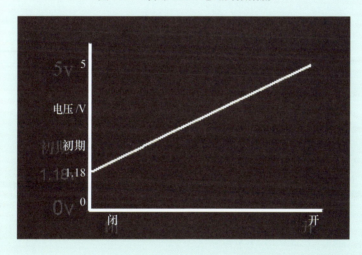

图 3-40　EGR 阀升程开度

（5）拆下 EGR 电磁阀，发现阀上有很多积炭，使用化油器清洗剂清洗后装复。

（6）起动发动机，发动机恢复正常，故障彻底排除。

10. 冷却风扇故障

【故障现象】

一辆 2014 年款雅阁 2.4L 轿车，高速行驶时冷却液温度很高，但在低速行驶时无此现象。

【故障诊断与排除】

（1）首先检查发动机冷却液，没有发现泄漏，并且冷却液液面在规定的位置。

（2）使用故障诊断仪读取发动机故障码，没有任何异常现象。

（3）起动发动机，让发动机一直处于高速运转 20min 左右，发动机冷却液温度达到 102℃，而左边冷却风扇不转，于是用测试笔检测左边冷却风扇控制电路，发现控制线路正常，说明左边冷却风扇中的电动机有故障，应更换。

（4）如图3-41所示，拆下冷却风扇总成。

（5）如图3-42所示，选择同样型号的新冷却风扇电动机。

图3-41 拆下冷却风扇总成

图3-42 新冷却风扇电动机

（6）如图3-43所示，拆下损坏的冷却风扇电动机，然后将新电动机安装至冷却风扇上。

（7）如图3-44所示，将冷却风扇总成安装至发动机舱内，然后安装好其他附件并添加冷却液至规定刻度线。

图3-43 拆下损坏的冷却风扇电动机

图3-44 安装冷却风扇总成

（8）起动发动机，发动机冷却液温度恢复正常，故障彻底排除。

11. 爆燃传感器故障

【故障现象】

一辆2010年款保时捷博克斯特2.9L轿车，车主反映仪表中多功能显示屏亮红色警告灯，有"发动机功率降低"的报警提示，行驶中车身抖动。

【故障诊断与排除】

（1）询问车主得知事故维修后发动机故障灯一直亮，车辆高速行驶时抖动严重。经过仔细检查，发现抖动是由于右后轮圈撞击受损造成，于是更换轮圈，但更换后进行试车，故障依旧。

（2）使用故障诊断仪发现"P0332 爆燃传感器2电路电压低，气缸组2"故障码存在，怠速时发动机噪声较大，初步认为是加了劣质汽油（燃油辛烷值低）引起的故障灯亮，于是将故障码清除后试车。

（3）当车速约120km/h时，故障灯突然亮起"Reduced engine power 发动机功率降低"的警示，车身抖动明显。试车时明显感觉发动机振动，针对故障码查找爆燃传感器进行检测。

（4）如图3-45所示，将发动机隔热板拆下，发现爆燃传感器导线已经脱落，线从插头处很整齐地断掉。

（5）如图3-46所示，拆下爆燃传感器对线路进行焊接修复。

图3-45　爆燃传感器导线断掉

图3-46　拆下爆燃传感器

（6）装复后清除故障码试车，车辆以150km/h的速度行驶平稳，加速顺畅，车身抖动现象消除，故障彻底排除。

12. 冷却风扇不转

【故障现象】

一辆2016年款雅阁2.4L轿车，冷却风扇不转，并有冷却液从散热器盖溢出。

【故障诊断与排除】

（1）当出现故障时，用HDS读取故障码，系统显示正常。

（2）用HDS的元件测试功能，检测电子扇及线路是否正常。控制风扇的高速及低速，均按命令运转，于是可确定风扇控制线路可靠。

（3）检查散热器盖处溢出的液体，怀疑是散热器盖承压能力不够，冷却液过早沸腾，使冷却液温度未达到风扇运转温度，冷却液就大量损失所致。初步断定散热器盖损坏，更换散热器盖试车，故障依旧。

（4）拆下散热器冷却液温度传感器，测试电阻为253Ω。由冷却液温度传感器电阻随温度变化规律可知，253Ω对应温度大约是85℃，达不到电子风扇工作的95℃，说明冷却液温度传感器有故障。

（5）更换散热器冷却液温度传感器后，故障彻底排除。

13. 冷却风扇无法停止

【故障现象】

一辆2016年款东风本田CR-V 2.4L轿车，当冷却液温度达到95℃后，冷却风扇就一直高速运转无法停止，只有将发动机熄火后重新起动，冷却风扇才能停止工作。

【故障诊断与排除】

（1）当出现故障时，用HDS读取故障码，系统显示正常。

（2）打开点火开关至ON（Ⅱ），使用万用表测量散热器冷却液温度传感器插头的1号端子与车身的电压为5V，2号端子与车身搭铁导通，说明控制线路有故障。

（3）起动发动机，让发动机保持运转状态，从散热器冷却液温度传感器插头信号输出端1号接线侧上，用万用表测量散热器冷却液温度传感器输出的电压信号值在0.1～3.5V之间变化（正常为0.1～4.5V），说明散热器冷却液温度传感器有故障。

（4）更换散热器冷却液温度传感器后故障彻底排除。

14. 冷却风扇高速档不工作

【故障现象】

一辆 2016 年款东风本田 CR-V 2.4L 轿车,冷却风扇高速档不工作,并且发动机冷却液温度异常高。

【故障诊断与排除】

(1) 当出现故障时,用 HDS 读取故障码,系统显示正常。

(2) 打开点火开关至 ON(Ⅱ),使用万用表测量散热器冷却液温度传感器插头的 1 号端子与车身的电压为 12V,2 号端子与车身搭铁导通,说明控制线路正常。

(3) 起动发动机,让发动机保持运转状态,从散热器冷却液温度传感器插头信号输出端 1 号接线侧上,用万用表测量散热器冷却液温度传感器输出的电压信号值在 0.1～4.5V 之间变化,说明散热器冷却液温度传感器正常。

(4) 查看电路图后,从冷却风扇插接器侧边测试高速档控制线路,发现该线路断路。于是拆下冷却风扇继电器,发现该继电器内部烧结,必须更换。

(5) 更换冷却风扇继电器后故障彻底排除。

15. 发动机冷却液温度过高

【故障现象】

一辆 2016 年款雅阁 2.4L 轿车,车主反映该车发动机冷却液温度过高。

【故障诊断与排除】

(1) 首先进行试车,怠速情况下该车的冷却液温度正常,在 95℃ 左右。只要车速超过 80km/h 后行驶时间超过 10min,冷却液温度表指针很快上升,逼近红线,此时用诊断仪检测发动机的冷却液温度高达 117℃。

(2) 检查风扇的工作情况,当冷却液温度为 95℃ 时风扇低速档打开,105℃ 时风扇高速档正常运行,因此判断散热风扇没有任何故障。

(3) 由于该车行驶的里程较短,发动机的散热系统出现故障的可能性不大,于是检查节温器开启情况,将节温器拆掉后故障依旧。

(4) 最后仔细观察散热器,发现它已经弯曲拱起。询问车主了解到该车前不久发生过追尾事故,矫正过散热器而没有更换。

(5) 更换散热器试车,故障排除。

16. 发动机进气歧管严重积炭

【故障现象】

一辆 2010 年款东风日产骊威 1.6L 轿车,行驶里程为 8.5 万 km,该车工作时发动机严重抖动,发动机加速无力。

【故障诊断与排除】

(1) 打开发动机舱盖,起动发动机进行检查,发现发动机严重抖动。

(2) 拆开进气软管进行检查,发现发动机进气歧管严重积炭,必须拆下进行清洁。

(3) 拆下进气歧管相关附件，然后取下进气歧管，如图3-47所示。

(4) 如图3-48所示，使用化油器清洗剂将进气歧管清洁干净，然后用压缩风枪吹干。

图3-47 拆下进气歧管

图3-48 清洁进气歧管

(5) 拆下节气门体，使用化油器清洗剂将节气门体清洁干净，如图3-49所示。

(6) 将清洁后的进气歧管、节气门体安装至发动机上。

(7) 装复后清除故障码试车，车辆以150km/h的速度行驶平稳，加速顺畅，发动机抖动现象消除，故障彻底排除。

图3-49 清洁节气门体

17. 发动机缺火或运行不良

【故障现象】

一辆2007年款雅阁3.0L轿车，车主反映该车怠速不稳，使用诊断仪测试，发现发动机存在缺火或运行不良故障，在4S店做了发动机免拆清洗后，故障依旧。

【故障诊断与排除】

(1) 打开发动机舱盖，起动发动机进行检查，发现发动机怠速抖动。

(2) 拆开进气软管进行检查，没有发现发动机进气歧管积炭现象，于是从燃油和点火两方面进行检查。

(3) 如图3-50所示，连接好燃油压力表，然后打开点火开关，起动车辆，将发动机转速提高到3500r/min，此时油压为320kPa，说明工作油压正常。

(4) 如图3-51所示，使用万用表检测喷油器电阻值为12.6Ω，正常。

图3-50 测量油压

图3-51 检测喷油器

(5)如图3-52所示，拆卸1缸点火线圈，然后安装上火花塞，并将螺纹部分搭铁，起动发动机，火花塞无火花，说明该缸点火线圈可能损坏。

(6)更换1缸点火线圈。

(7)装复后清除故障码试车，加速顺畅，发动机抖动现象消除，故障彻底排除。

图3-52 检测点火

18. 发动机怠速转速居高不下

【故障现象】

一辆2010年款卡罗拉1.8L轿车，车主反映该车发动机怠速转速居高不下。

【故障诊断与排除】

(1)打开发动机舱盖，起动发动机进行检查，发现发动机怠速转速达到1200r/min，比标准值高。

(2)连接好燃油压力表，然后打开点火开关，起动车辆，将发动机处于怠速状态下，此时油压为280kPa，燃油压力在正常范围。

(3)如图3-53所示，拆开进气软管进行检查，没有发现发动机节气门积炭现象，于是对进气部件进行清洁护理。

(4)如图3-54所示，使用无纺毛巾将节气门上的杂质擦干净。

图3-53 拆开进气软管

图3-54 清洁节气门

(5)清洁干净装复后，清除故障码试车，加速顺畅，发动机怠速正常，故障彻底排除。

19. 发动机加速时易熄火

【故障现象】

一辆2007年款雅阁3.0L轿车，行驶里程为23.74万km，车主反映该车发动机加速时易熄火。

【故障诊断与排除】

(1)拆开进气软管进行检查，没有发现发动机进气歧管积炭现象。

(2)连接好燃油压力表，然后打开点火开关，起动车辆，将发动机处于怠速状态下，此时油压为280kPa，燃油压力在正常范围。但在加速时燃油压力明显下降，说明发动机供油不畅。

(3)检查燃油管路没有发现异常，进行燃油系统免拆清洗后故障依旧。

(4) 如图 3-55 所示，拆卸燃油泵总成。

(5) 如图 3-56 所示，给燃油泵进行通电测试，发现燃油泵有卡滞的现象，说明燃油泵内的电刷出现异常。

图 3-55 拆卸燃油泵总成

图 3-56 检查燃油泵

(6) 更换燃油泵总成后进行试车，发动机加速正常，故障彻底排除。

20. 发动机转速升不上去

【故障现象】

一辆 2003 年款别克凯越 1.6L 轿车，车主反映该车发动机故障灯亮，踩下加速踏板时发动机转速升不上去。

【故障诊断与排除】

(1) 接车后，首先用 TECH2 检查诊断，读取故障码，故障码为：P0122，节气门位置 (IP) 传感器电路低电压。尝试清除故障码，但不能成功，确定该故障码不是历史故障码。

(2) 读取数据流检查，在踩下加速踏板时，数据流显示的 IP 值并不变化。关闭点火开关，拔下节气门位置传感器的插头，该车节气门位置传感器是一个可变电位计，采用三线制，一根是发动机控制模块给节气门位置传感器 5V 的电源线；另一根为节气门开度的信号线，输送给发动机控制模块 (ECM)；还有一根为传感器的搭铁线。工作过程：踩加速踏板，节气门转角发生变化，节气门位置传感器开度信号的输出电压随之变化，ECM 依据此信号确定节气门的开度。打开点火开关，用万用表测量节气门位置传感器线束的插头端子，测量结果为搭铁正常，而传感器的供电线上只有 0.65V 的电压，正常情况是 5V 电压。说明节气门位置 (IP) 传感器故障，必须更换。

(3) 如图 3-57 所示，拆下节气门位置（IP）传感器的 2 个螺钉。

(4) 如图 3-58 所示，取下节气门位置传感器。

图 3-57 拆卸节气门位置传感器

图 3-58 旧节气门位置传感器

(5)如图 3-59 所示,安装新节气门位置传感器。

(6)更换节气门位置传感器后,故障码可以清除。

(7)起动发动机进行试车,发动机加速正常,故障排除。

图 3-59　安装新节气门位置传感器

21. 发动机间歇性不能起动

【故障现象】

一辆 2003 年款国产奥迪 A6 2.8L 轿车,车主反映该车发动机无规律地间歇性无法起动,一旦起动后,则一切正常。

【故障诊断与排除】

(1)接车后,先用 VAS5051 检测发动机电控系统有无故障码存储,结果无显示。在正常着车时,读取发动机各参数的数据流,如喷油脉宽、空气流量计信号、节气门位置信号、混合气浓度等,都在规定范围内,无任何异常现象。

(2)检查供油系统,发现在起动过程中,燃油泵不转,而后拔下燃油泵插头,用万用表测量供电电压,当无法起动时,电压值为 0V,这说明燃油泵继电器没有吸合或电源线线路有断/短路现象。

(3)更换燃油泵继电器后试车,故障彻底排除。

22. 发动机不易着车

【故障现象】

一辆 2008 年款雅阁 2.4L 轿车,车主反映该车怠速过高,在 4S 店做发动机免拆清洗后,怠速恢复了正常,但使用一段时间后发动机不易着车。

【故障诊断与排除】

(1)检查燃油系统压力。首先连接好燃油压力表,然后打开点火开关,起动车辆,将发动机转速提高到 3500r/min,此时油压为 360kPa,说明工作油压正常。

(2)关闭点火开关,发现燃油保持压力下降,但在 2min 内燃油压力保持在 250kPa,说明燃油系统保持压力正常,燃油压力调节器没有损坏。

(3)拆卸点火线圈紧固螺栓,如图 3-60 所示。

(4)如图 3-61 所示,拆卸火花塞,检查火花塞发现火花塞电极端有异常,必须更换所有气缸的火花塞。

图 3-60　拆卸点火线圈紧固螺栓

图 3-61　检查火花塞

第三章 发动机控制系统故障诊断与快修实例

(5) 更换完所有火花塞后，发动机一次就成功起动，对其进行路试，加速性能良好，故障彻底排除。

23．发动机过热

【故障现象】

一辆 2012 年款明锐 1.4TSI 轿车，该车行驶 4 万 km 后，出现车速超过 80km/h 行驶一段时间，冷却液温度就会偏高甚至"开锅"，膨胀壶盖处有水汽溢出的现象。

【故障诊断与排除】

(1) 首先进行试车，怠速情况下该车的冷却液温度正常，在 92℃左右。只要车速超过 80km/h 后行驶时间超过 10min，冷却液温度表指针很快上升，逼近红线，此时用诊断仪检测发动机的冷却液温度高达 117℃。

(2) 检查风扇的工作情况，当冷却液温度为 95℃时风扇低速档打开，105℃后风扇高速档正常运行，因此判断散热风扇没有任何故障。

(3) 由于该车行驶的里程较短，发动机散热系统出现故障的可能性不大，于是检查节温器的开启情况，将节温器拆掉后故障依旧。

(4) 最后仔细观察发现前保险杠重新喷过漆，询问车主了解到该车前不久发生追尾事故更换了散热器，怀疑添加的发动机冷却液质量差，于是需要重新更换原厂专用冷却液。

(5) 拆卸散热器水管卡子并拔开水管，如图 3-62 所示。

(6) 将发动机及散热器内的原冷却液排出，如图 3-63 所示。

图 3-62　拆卸水管

图 3-63　排出原冷却液

(7) 如图 3-64 所示，用压缩空气吹出残留的冷却液，最后将散热器水管安装到位。

(8) 如图 3-65 所示，加入原厂的冷却液，然后起动发动机进行排空操作。

图 3-64　吹出残留的冷却液

图 3-65　加入原厂的冷却液

(9) 之后驾驶车辆进行长时间行驶，发动机过热的故障彻底排除。

24. 发动机抖动

【故障现象】

一辆 2008 年款本田雅阁 2.4L 轿车，行驶里程为 8.9 万 km，该车起动时发动机怠速抖动厉害，有时甚至熄火，而中、高速运行正常。

【故障诊断与排除】

（1）使用 HDS 读取故障码，无故障码显示。

（2）检查火花塞及点火线路，未发现问题。

（3）清洗节气门体、怠速电动机后，怠速依然抖动；测量系统油压也正常；使用超声波清洗喷油嘴的同时进行雾化测试，发现其中 2 个喷油器雾化不正常，对其更换后进行起动检查，故障并没有排除。

（4）检查真空管路，未发现漏气现象，用真空表检查活性炭罐系统的真空度也正常。

（5）检查 EGR 位置传感器和 EGR 电磁阀。EGR 位置传感器正常，而对 EGR 电磁阀进行测试，发现卡死在全开的位置。EGR 系统部件位置如图 3-66 所示。

图 3-66　EGR 系统部件位置

（6）更换 EGR 电磁阀后试车，故障排除。

25. 发动机排气管冒蓝烟

【故障现象】

一辆 2012 年款雅阁 2.4L 轿车，行驶里程为 3.5 万 km，车主反映该车起动时发动机排气管冒蓝烟。

【故障诊断与排除】

（1）首先起动发动机进行检查，该车在起动瞬间确实存在排气管冒蓝烟，说明有烧机油的现象。

（2）询问车主，了解到车主曾经自行添加过发动机机油，可能是机油过多所致。

（3）如图 3-67 所示，拔出机油尺进行检查，发现机油过量。

（4）如图 3-68 所示，用机油收集器将多余的机油吸出即可。

图 3-67　检查发动机机油量

图 3-68　吸出多余的机油

（5）起动发动机进行检查，发动机排气管冒蓝烟的现象消除，故障彻底排除。

26. 发动机无规律熄火

【故障现象】

一辆 2016 年款雅阁 2.0L 轿车，车主反映该车出现发动机无规律熄火现象。

【故障诊断与排除】

（1）首先在故障出现时检查点火系统，均正常；然后在燃油管路中接上燃油压力表，在燃油泵插头处并联一个 21W 的试灯，对燃油泵的供油状况及工作情况进行同步检查。

（2）将钥匙拧至"ON"位，油压升至 270kPa，试灯亮，起动发动机，工作正常。

（3）熄火后再次将钥匙拧到"ON"位时故障出现，试灯不亮，油压表无变化。系统的静压力一般比工作压力要低，熄火后再将钥匙拧至"ON"位时，油压应上升，因此怀疑故障在 PGM-F1 主继电器。

（4）检查 PGM-F1 主继电器，在蓄电池正极与 ECM/PCM 中的 A15 号脚之间接发光二极管，经多次开启钥匙后故障出现，发光二极管亮，试灯与油压表均无变化，确定为 PGM-F1 主继电器故障。

（5）更换 PGM-F1 主继电器后故障彻底排除。

第四章 手动变速器故障诊断与快修实例

一、手动变速器故障诊断方法

1. 外观诊断

如图 4-1 所示，外观诊断就是用眼睛观察手动变速器是否有漏油、壳体破裂，以及油量是否过多、油封或密封垫损坏是否损坏、通气阀是否堵塞等。

图 4-1 外观诊断

2. 异响诊断

用耳朵，或借助于螺钉旋具、听诊器等听一听变速器有无异响。如图 4-2 所示，使用听诊器诊断时，需要将听诊器抵触在怀疑变速器存在异响的部位，然后反复换入不同的档位，当感觉某个档位有明显的异响，则应对该档位的零部件进行维修。

图 4-2 听诊器诊断变速器异响

第四章 手动变速器故障诊断与快修实例

二、手动变速器故障诊断导图

1. 手动变速器换档困难诊断导图

手动变速器换档困难诊断导图如图 4-3 所示。

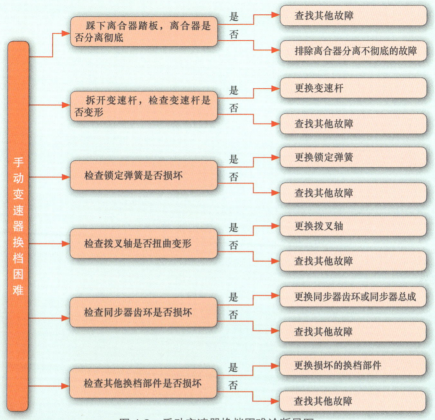

图 4-3　手动变速器换档困难诊断导图

2. 手动变速器变速杆自动跳回空档诊断导图

手动变速器变速杆自动跳回空档诊断导图如图 4-4 所示。

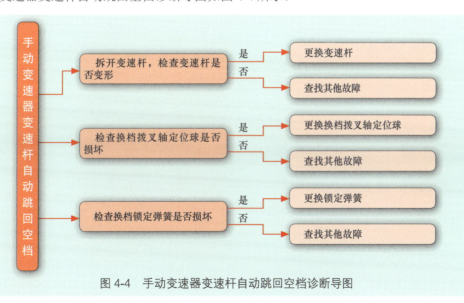

图 4-4　手动变速器变速杆自动跳回空档诊断导图

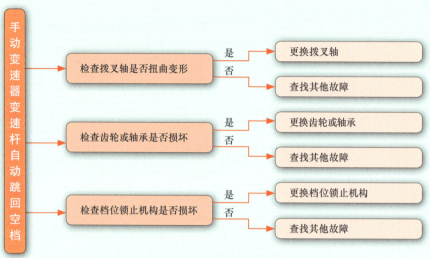

图 4-4　手动变速器变速杆自动跳回空档诊断导图（续）

3. 手动变速器换不进档位诊断导图

手动变速器换不进档位诊断导图如图 4-5 所示。

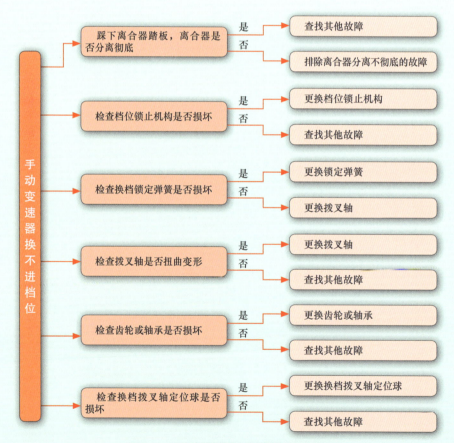

图 4-5　手动变速器换不进档位诊断导图

三、手动变速器快修实例

1. 手动变速器漏油

【故障现象】

一辆 2012 年款起亚 1.6L 轿车，行驶里程为 3.1 万 km，车主反映该车手动变速器底部有漏油现象。

【故障诊断与排除】

（1）首先升起车辆进行检查，发现变速器底部确实存在漏油。

（2）仔细查看变速器的外壳，没有发现被碰撞或破裂的现象，变速器油是从半轴左边处流出，一般是由于油封损坏导致泄漏。

（3）如图 4-6 所示，拆下轮毂等相关部件。　　（4）如图 4-7 所示，将半轴从变速器上分离开。

图 4-6　拆下轮毂等相关部件

图 4-7　分离半轴

（5）如图 4-8 所示，拆下损坏的油封。　　（6）如图 4-9 所示，小心地安装上新油封，然后将半轴及其他部件安装好。

图 4-8　损坏的油封

图 4-9　安装新油封

（7）向变速器内添加变速器油。

（8）驾驶车辆进行路试，然后对变速器底部进行检查，漏油的现象彻底排除。

2. 手动变速器异响

【故障现象】

一辆 2011 年款凯越 1.6L 轿车，行驶里程为 5.5 万 km，车主反映该车行驶时手动变速器内部有异响现象。

【故障诊断与排除】

（1）首先驾驶车辆进行路试，换档时确实出现异响，由此确定该响声来变速器内部。

（2）检查变速器齿轮油黏度，发现齿轮油很稀，必须进行更换。

(3)如图4-10所示,拆下变速器油底壳紧固螺栓。

(4)如图4-11所示,小心取下变速器油底壳,当齿轮油排干净后将其安装回位。

图4-10 拆下变速器油底壳紧固螺栓

图4-11 排放齿轮油

(5)向手动变速器油加注口注入规定的齿轮油。

(6)驾驶车辆进行路试,经过半个小时的行驶,换档异响现象没有再次出现,故障彻底排除。

3.手动变速器换档困难

【故障现象】

一辆2006年款君威2.0L轿车,行驶里程为21万km,车主反映该车换档困难。

【故障诊断与排除】

(1)首先更换齿轮油进行试车,故障依旧。

(2)检查换档拉索、换档机构,发现有明显的卡滞,应进行更换。

(3)如图4-12所示,拆下车内的换档机构,然后从发动机舱将换档拉索拆除。

(4)如图4-13所示,安装好新换档机构。

图4-12 旧换档机构

图4-13 安装新换档机构

(5)如图4-14所示,将新换档拉索安装至变速器及换档机构上。

(6)按照与拆卸相反的顺序安装好变速杆周边饰件。

(7)驾驶车辆进行路试,经过长时间测试,行驶换档正常,故障彻底排除。

图4-14 安装新换档拉索

4. 手动变速器变速杆自动跳回空档

【故障现象】
一辆 2018 年款飞度 1.5L 轿车，该车行驶过程中出现手动变速器变速杆自动跳回空档的现象。

【故障诊断与排除】
（1）首先检查变速器固定螺栓，没有发现松动的情况。
（2）在出现变速器跳档时，将变速杆换入该档，然后拆下变速器盖发现不能啮合，说明变速器拨叉轴锁止机构有故障。
（3）更换变速器拨叉轴锁止机构总成后故障排除。

5. 挂不进档位

【故障现象】
一辆 2010 年款雅阁 2.0L 轿车，该车行驶过程中出现手动变速器挂不进 2 档的现象。

【故障诊断与排除】
（1）首先驾驶车辆进行试车，只有 2 档挂不进，其他档位均正常。
（2）初步认为变速器内有异物致使变速操纵机构卡住挂不进档位。
（3）拆开变速操纵机构果然发现 2 档拨叉槽内有磨损的小铁块，于是用磁棒将其吸出。
（4）将变速器安装后，对变速器进行多次换油清洗，故障排除。

6. 手动变速器乱档

【故障现象】
一辆 2011 年款中华骏捷 1.6L 轿车，该车行驶过程中出现手动变速器乱档的现象。

【故障诊断与排除】
（1）首先驾驶车辆进行试车，发现变速杆稍微偏一点位置，就会挂入不需要的档位。
（2）初步认为是变速器内变速操纵机构变速杆拨动端工作面磨损过大所致，于是更换换档机构。

（3）如图 4-15 所示，拆下换档机构相关的部件。　　（4）如图 4-16 所示，拆下换档机构固定螺栓。

图 4-15　拆卸换档机构相关的部件

图 4-16　拆卸换档机构固定螺栓

（5）如图4-17所示，取下损坏的换档机构。

（6）如图4-18所示，安装新换档机构，并将拆卸的部件按照相反的顺序安装好。

图4-17　损坏的换档机构

图4-18　安装新换档机构

（7）驾驶车辆进行路试，经过长时间测试，行驶换档正常，故障彻底排除。

第五章　自动变速器故障诊断与快修实例

一、自动变速器故障诊断

1. 自动变速器故障码的读取

（1）以 X-431 诊断起亚品牌轿车为例，首先启动 X-431，然后找到"起亚诊断系统"，单击"起亚诊断系统"，看到选择菜单有"发动机系统""自动变速器系统""防抱死制动系统"等，如图 5-1 所示。

（2）选择并单击"自动变速器诊断系统"，如图 5-2 所示。

图 5-1　选择菜单

图 5-2　单击"自动变速器诊断系统"

（3）进入自动变速器型号的界面，如图 5-3 所示。

（4）如图 5-4 所示，单击"自动变速器型号"界面，然后进入通信界面（图 5-5）。

图 5-3　自动变速器型号

图 5-4　单击"自动变速器型号"界面

(5)等待1s,自动进入"读取故障码""清除故障码""读数据流""动作测试"等诊断功能界面,如图5-6所示。

图5-5 初始化界面

图5-6 诊断功能界面

(6)如图5-7所示,单击"读故障码",进入读数状态。

(7)测试完毕后,如果有故障码,则在显示屏上显示自动变速器的故障码,如果没有故障码,则显示"无故障码",如图5-8所示。

图5-7 单击"读故障码"

图5-8 显示"无故障码"

2. 自动变速器故障码的清除

(1)返回"读故障码""清除故障码""读数据流""动作测试"等诊断功能界面,然后单击"清除故障码",如图5-9所示。

(2)如图5-10所示,进入提示界面,单击"是"则进行清除故障码程序。

图5-9 单击"清除故障码"

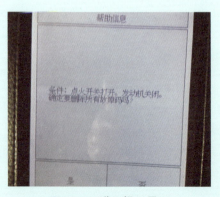

图5-10 进入提示界面

(3) 如自动变速器有故障码，将被清理完毕；如果自动变速器还有故障码，则说明该故障依旧存在；如果自动变速器故障码清理不成功则显示"故障码清除失败"，如图5-11所示。

(4) 如图5-12所示，单击"确定"，然后返回到"读取故障码""清除故障码""读数据流""动作测试"等诊断功能界面。

图5-11 显示"故障码清除失败"

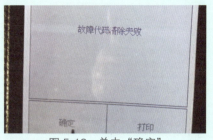

图5-12 单击"确定"

3. 自动变速器数据流的读取

(1) 首先启动诊断程序，在功能菜单中单击"读数据流"选项，如图5-13所示。

(2) 稍等片刻就进入自动变速器系统的"数据流项目"选项，如图5-14所示。

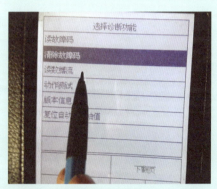

图5-13 单击"读数据流"选项

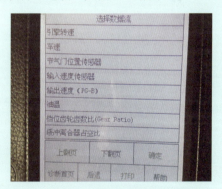

图5-14 "数据流项目"选项

(3) 单击所需自动变速器控制系统的"数据流项目"选项，让其显目条变为蓝色，如图5-15所示。

(4) 当选择了所需自动变速器控制系统的"数据流项目"选项后，单击"确定"，显示屏将会显示出自动变速器控制系统数据流，如图5-16所示。

图5-15 选择"数据流项目"选项

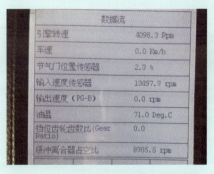

图5-16 自动变速器控制系统数据流

4. 自动变速器执行元件测试

（1）首先启动诊断程序，然后进入"读取故障码""清除故障码""读数据流""动作测试"等诊断功能界面，单击"动作测试"，如图5-17所示。

（2）进入"动作测试"项目界面（图5-18），然后根据需要对其显示的项目进行测试，测试完毕就会显示测试结果。

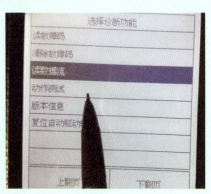

图5-17 单击"动作测试"

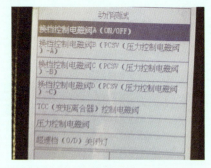

图5-18 "动作测试"项目界面

二、自动变速器故障诊断导图

1. 自动变速器无法换档诊断导图

自动变速器无法换档诊断导图如图5-19所示。

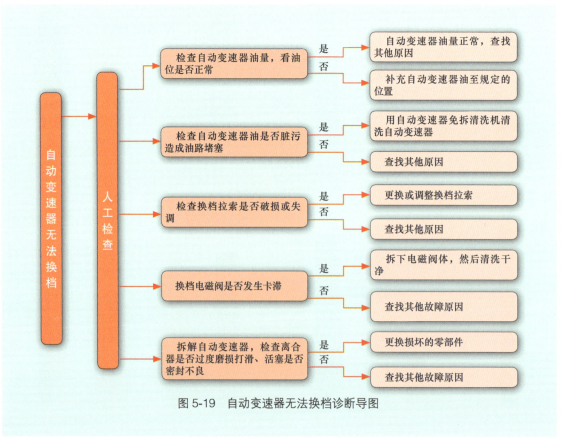

图5-19 自动变速器无法换档诊断导图

第五章 自动变速器故障诊断与快修实例

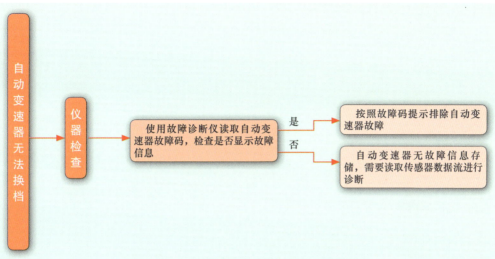

图 5-19 自动变速器无法换档诊断导图（续）

2. 自动变速器频繁换档诊断导图

自动变速器频繁换档诊断导图如图 5-20 所示。

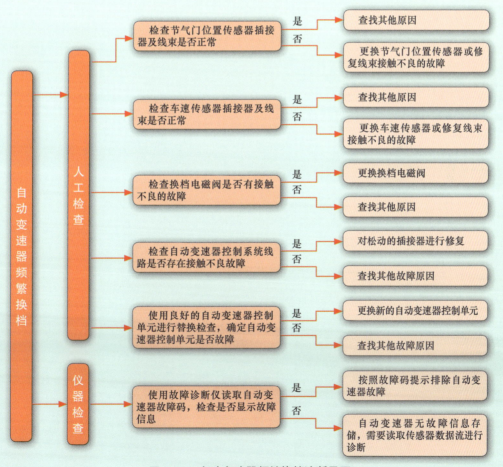

图 5-20 自动变速器频繁换档诊断导图

3. 自动变速器换不进档诊断导图

自动变速器换不进档诊断导图如图 5-21 所示。

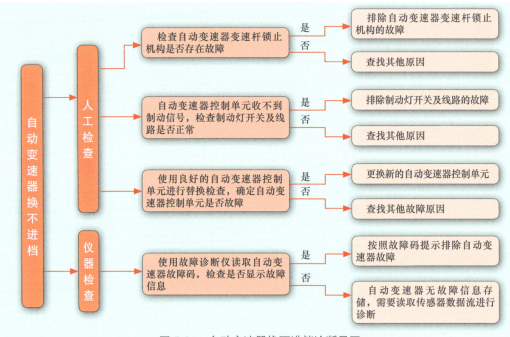

图 5-21　自动变速器换不进档诊断导图

三、自动变速器快修实例

1. 自动变速器油变质、变色

【故障现象】

一辆 2008 年款雅阁 2.4L 轿车，行驶里程为 13 万 km，车主反映该车自动变速器有异响，并且自动变速器油已经变黑。

【故障诊断与排除】

（1）检查自动变速器油，没有铁屑或变黑的现象，说明自动变速器内部正常。

（2）询问车主了解到该车没有按照养护规定的里程进行更换自动变速器油，导致自动变速器油变黑、润滑不良。

（3）如图 5-22 所示，拆下自动变速器放油螺栓，将旧油排干净，然后安装好放油螺栓。

（4）如图 5-23 所示，加注新的自动变速器油至规定的位置。

图 5-22　排放旧自动变速器油

图 5-23　加注自动变速器油

（5）如图 5-24 所示，检查自动变速器油液位。

（6）起动车辆进行路试，自动变速器正常，故障现象消除。

图 5-24　检查自动变速器油液位

2. 自动变速器换档开关损坏

【故障现象】

一辆 2012 年款雪佛兰景程 1.8L 轿车，行驶里程为 4.4 万 km，车主反映该车加速反应迟钝。

【故障诊断与排除】

（1）首先驾驶车辆进行路试，当发动机转速较高时，车辆速度仍然比较缓慢，说明自动变速器存在故障。

（2）使用故障诊断仪检测，显示自动变速器换档开关存在故障，于是进行更换处理。

（3）如图 5-25 所示，拆下原来的自动变速器换档开关。

（4）如图 5-26 所示，将新自动变速器换档开关安装好。

图 5-25　拆下自动变速器换档开关

图 5-26　安装新自动变速器换档开关

（5）如图 5-27 所示，在自动变速器换档开关滑动部位涂抹润滑脂。

（6）使用故障诊断仪清除故障码。

（7）起动车辆进行路试，自动变速器正常，故障现象消除。

图 5-27　涂抹润滑脂

3. 自动变速器油温传感器故障

【故障现象】

一辆 2012 年款现代胜达 2.4L 轿车，行驶里程为 7.9 万 km，车主反映该车挂入 R 位或 D 位时有明显冲击感，仪表上的发动机警告灯点亮。

【故障诊断与排除】

（1）首先驾驶车辆进行路试，故障确实和车主反映的情况一致。

（2）使用故障诊断仪检测，显示自动变速器油温传感器故障，于是进行更换处理。

（3）将自动变速器油排干净后拆卸自动变速器油底壳，如图 5-28 所示。

（4）自动变速器油温传感器的位置如图 5-29 所示。

图 5-28　拆下自动变速器油底壳

图 5-29　自动变速器油温传感器位置

（5）拆下旧的自动变速器油温传感器，然后选择型号一致的自动变速器油温传感器进行安装，如图 5-30 所示。

（6）自动变速器油温传感器安装好后，接着安装自动变速器油底壳。

（7）向自动变速器加注新自动变速器油至规定的位置。

（8）使用故障诊断仪清除故障码。

（9）起动车辆进行路试，自动变速器正常，故障现象消除。

图 5-30　自动变速器油温传感器

4. 自动变速器油滤网堵塞

【故障现象】

一辆 2007 年款帕萨特领驭 1.8T 轿车，行驶里程为 14.6 万 km，车主反映该车无高速档。

【故障诊断与排除】

（1）首先驾驶车辆进行路试，当车速达到 110km/h 后无法进入高速档，而且发动机转速正常，说明自动变速器存在异常。

（2）使用故障诊断仪检测，没有故障码。

（3）检查自动变速器油压，油压偏低，初步判断是自动变速器油滤网堵塞造成，必须进行更换处理。

(4)如图 5-31 所示,将自动变速器油放油螺栓拆下,将自动变速器油排干净。

(5)拆下自动变速器油底壳,如图 5-32 所示。

图 5-31　拆下自动变速器油放油螺栓

图 5-32　拆下自动变速器油底壳

(6)拆下自动变速器油滤网,如图 5-33 所示。

(7)安装新自动变速器油滤网,如图 5-34 所示。

图 5-33　拆下自动变速器油滤网

图 5-34　安装新自动变速器油滤网

(8)如图 5-35 所示,涂抹上密封胶后安装自动变速器油底壳。

(9)向自动变速器加注新自动变速器油至规定的位置。

(10)起动车辆进行路试,自动变速器正常,故障现象消除。

图 5-35　安装自动变速器油底壳

5. 自动变速器换档电磁阀故障

【故障现象】

一辆 2008 年款东风雪铁龙凯旋 2.0L 轿车,行驶里程为 13.8 万 km,车主反映该车加速迟缓,并且换档时耸车感明显。

【故障诊断与排除】

(1)首先用 PRXIA3 诊断仪对自动变速器进行故障码读取操作,发现自动变速器控制单元有偶发故障—压力调节故障。

(2)根据故障现象及诊断信息可以判断为自动变速器阀体的主压力电磁阀故障,必须进行更换处理。

（3）拆下自动变速器放油螺栓，将变速器油排干净。

（4）如图5-36所示，拆下自动变速器油底壳。

图5-36　自动变速器油底壳

（5）如图5-37所示，拆下自动变速器阀体上2个故障的主压力电磁阀。

（6）如图5-38所示，安装好新的主压力电磁阀。

图5-37　故障的主压力电磁阀

图5-38　安装新主压力电磁阀

（7）安装好自动变速器阀体、油底壳等部件，然后加注自动变速器油至规定的刻度线，如图5-39所示。

（8）用PRXIA3诊断仪消除故障码。

（9）起动车辆进行路试，自动变速器正常，故障现象消除。

图5-39　加注自动变速器油

6. 自动变速器换档总成损坏

【故障现象】

一辆2013年款别克凯越1.5L轿车，车主反映该车自动变速器解锁按钮回位不正常，换档时生硬。

【故障诊断与排除】

（1）首先使用故障诊断仪对自动变速器进行故障码读取操作，发现自动变速器解锁控制的电磁阀出现故障。

（2）由于该车处于保修期，对该车自动变速器换档机构总成进行更换处理。

第五章　自动变速器故障诊断与快修实例

（3）如图5-40所示，将换档机构总成拆下。

图5-40　拆卸换档机构总成

（4）如图5-41所示，选择原厂新换档机构总成按照与拆卸相反的顺序进行安装。
（5）用诊断仪消除故障码。
（6）起动车辆进行路试，自动变速器换档正常，故障现象消除。

图5-41　新换档机构总成

7．自动变速器漏油故障

【故障现象】
一辆2009年款科鲁兹1.8L轿车，行驶里程为9.6万km，车主反映该车自动变速器漏油。

【故障诊断与排除】
（1）首先升起车辆进行检查，发现自动变速器底部确实存在漏油。
（2）仔细查看自动变速器的外壳没有发现被碰撞或破裂的现象，自动变速器油是从发动机接合面流出，应拆下自动变速器进一步检查。

（3）如图5-42所示，拆下自动变速器。　　（4）拆下液力变矩器，然后拆下损坏的油封，再将新油封安装好，如图5-43所示。

图5-42　拆下自动变速器

图5-43　更换油封

65

(5）如图5-44所示，安装上液力变矩器。

（6）如图5-45所示，将自动变速器安装至车辆上，然后按照与拆卸相反的顺序安装其他部件。

图5-44　油封安装完成

图5-45　安装自动变速器

（7）安装完成后驾驶车辆进行路试，然后进行检查，自动变速器漏油的故障消除。

8. 自动变速器升档异常

【故障现象】

一辆2007年款帕萨特领驭1.8T轿车，行驶里程为14.6万km，车主反映该车自动变速器升档时间过长，甚至在2档升3档时存在换档冲击。

【故障诊断与排除】

（1）首先驾驶车辆进行路试，发动机转速正常，但自动变速器确实存在升档异常的情况。
（2）使用故障诊断仪检测，没有故障码。
（3）更换自动变速器油后重新进行试车，故障依旧。
（4）根据维修经验判断一般是由于自动变速器内的阀体过脏引起，必须清洗自动变速器阀体。

（5）如图5-46所示，拆下自动变速器阀体。

（6）如图5-47所示，分解自动变速器阀体，然后进行清洗。

图5-46　拆下自动变速器阀体

图5-47　分解自动变速器阀体

(7) 如图 5-48 所示，清洗完成后将自动变速器阀体装复。

(8) 如图 5-49 所示，将自动变速器阀体安装至自动变速器上，然后安装油底壳等部件。

图 5-48　装复自动变速器阀体

图 5-49　安装自动变速器阀体

(9) 添加自动变速器油后驾驶车辆进行路试，自动变速器升档正常，故障彻底消除。

9. 自动变速器不能换档

【故障现象】

一辆 2012 年款雅阁 2.4L 轿车，车主反映该车自动变速器不能换档，最高车速只能达到 80km/h。

【故障诊断与排除】

(1) 驾驶车辆进行路试，故障现象确实与车主反映的情况一致。

(2) 使用 HDS 读取自动变速器故障码，显示"P0718：输入轴速度传感器间歇性故障"和"P0722：输出轴转速传感器无信号输入"两个故障码。

(3) 根据故障码，分别断开两个传感器插头，然后打开点火开关，检查其线路 1 号端子与搭铁电压为 5V，2 号端子和 3 号端子电压为 5V，表明两个传感器的线路正常。

(4) 同时更换输入轴速度传感器和输出轴速度传感器后进行试车，行驶一切正常，故障排除。

10. 自动变速器挂入 D 位或 R 位均无反应

【故障现象】

一辆 2016 年款雅阁 2.4L 轿车，车主反映该车自动变速器挂入 D 位或 R 位均不能起步。

【故障诊断与排除】

(1) 关闭点火开关，将 HDS 连接至位于驾驶室仪表板下方的诊断插头。

(2) 打开点火开关，HDS 没有故障码显示，说明自动变速器电控部分没有问题。

(3) 拔出自动变速器油尺，检查自动变速器的油质和油量，发现自动变速器油过脏。

(4) 把自动变速器油放出，发现自动变速器油中有一些离合器磨削下来的粉末。

(5) 再次询问车主得知，该车的自动变速器在拆检后没有对变矩器进行彻底清洗，换自动变速器油时也没有用自动换油机，变速器内的粉末很可能是残留下来的烧损的离合器磨削粉。

(6) 拆检自动变速器进行仔细检查。发现 2 档离合器压力开关没有问题，1-2 档蓄压器弹簧正常，活塞运动自如，1-2 档离合器相关元件都没有问题，最后发现阀体内的 1-2 档单向阀球槽孔被堵塞。

(7) 彻底清洗自动变速器阀体，然后利用自动变速器换油机对自动变速器进行换油，装复后重新试车，一切恢复正常，故障排除。

11. 踩下制动踏板时，变速杆不能从 P 位移出

【故障现象】
一辆 2016 年款雅阁 2.4L 轿车，踩下制动踏板时，该车的变速杆不能从 P 位移出。

【故障诊断与排除】
（1）首先用 HDS 诊断仪检测，未检测到故障码。
（2）检查制动开关，当踩下制动踏板后制动灯亮，且用 HDS 检测自动变速器控制单元内部有制动踏板信号，说明制动开关工作正常。
（3）自动变速器变速杆的下方有一个档位锁止开关。通过制动开关的信号输入到变速器的控制单元使档位开关工作，打开档位开关的锁止通道，变速杆才能移动。于是检查自动变速器控制单元与档位锁止电磁阀及其线路情况，发现档位锁止电磁阀插头脱落。
（4）重新连接并紧固后，故障彻底排除。

12. 从 N 位换至 R 位时振动过大

【故障现象】
一辆 2016 年款雅阁 2.4L 轿车，车主反映该车变速杆从 N 位换至 R 位时振动过大，并且在 D 位升档都存在轻微冲击。

【故障诊断与排除】
（1）首先检查自动变速器油液面，在标准范围内；检查油质也未发现异常。
（2）连接 HDS 诊断仪对自动变速器的控制系统进行检测，没有发现任何故障存储。同时利用诊断仪对发动机系统进行了检测，结果也没有发现故障记忆。
（3）根据以往维修经验，节气门位置传感器的信号电压直接影响变速器的换档，于是查看相关数据流，发现发动机在怠速状态时，节气门位置传感器的输出电压数据正常。
（4）进行了失速试验，发动机的失速转速为 2000r/min（标准值为 1800 ～ 2600 r/min），符合技术要求。
（5）最后拆下自动变速器阀体彻底清洗，然后利用自动变速器换油机对自动变速器进行换油，装复后重新试车，一切恢复正常，故障排除。

13. 在所有变速杆位置变速器中出现噪声

【故障现象】
一辆 2016 年款雅阁 2.0L 轿车，行驶里程为 13 万 km，车主反映该车在所有变速杆位置变速器中出现噪声。

【故障诊断与排除】
（1）首先进行道路试验，发现换档一切正常，并且加速也正常，但噪声仍然存在。
（2）检查自动变速器油液，发现有金属屑存在，说明变速器内部零件有异常磨损的现象。
（3）将变速器油底壳拆下，发现有油污和金属屑，建议车主进行变速器分解维修。由于维修费用较高车主不同意，最后将 ATF 滤网更换并重新添加 ATF 后进行试车，响声消失。
（4）该车行驶了一个月后，又重新回到 4S 店，车主反映响声更加明显，于是同意进行变速器分解维修。
（5）拆下自动变速器进行彻底检查时，发现 ATF 泵的主 / 从动齿轮啮合间隙过大，间隙为 0.09mm（标准值为 0.03 ～ 0.05mm），油泵已经损坏。
（6）对自动变速器内油道进行彻底清洗后，更换油泵总成，装复后进行试车，故障排除。

第五章 自动变速器故障诊断与快修实例

14. 行驶中自动变速器升档瞬间产生振动

【故障现象】

一辆 2012 年款雅阁 2.4L 轿车,行驶里程为 14.3 万 km,车主反映该车在行驶中出现自动变速器 1 档升 2 档或 2 档升 3 档时振动过大的故障,而其他档位工作状况都比较正常。

【故障诊断与排除】

(1) 首先读取故障码,未显示故障码,说明控制电路部分没有问题,故障应出在自动变速器机械部分。

(2) 拔出自动变速器油标尺仔细检查,发现自动变速器油不清洁,拆下自动变速器油底壳进一步查看,油底壳底部沉积有少量磨屑及杂质。

(3) 进一步检测自动变速器,2 档离合器压力开关正常,1、2 档蓄压器弹簧正常,活塞运动自如,最后发现阀体内的 1、2 档止回阀堵塞。

(4) 彻底清洗并正确地组装自动变速器阀体,更换自动变速器油并使其达到规定要求。

(5) 起动车辆进行路试,自动变速器各档位均正常,故障排除。

15. 起步时踩下加速踏板,发动机转速上升很快但车速升高缓慢

【故障现象】

一辆 2012 年款雅阁 2.0L 轿车,行驶里程为 11 万 km,车主反映该车起步时踩下加速踏板,发动机转速上升很快但车速升高缓慢。

【故障诊断与排除】

(1) 首先读取故障码,未显示故障码,说明控制电路部分没有问题,故障应出在自动变速器机械部分。

(2) 将汽车停在平坦的路面上,待自动变速器内的油液温度降到 80℃左右,发动机在怠速运转时将油标尺拔出来,将油擦净,再将油标尺插入自动变速器加油口中,稍停一会儿再拔出观察,发现油量稍低一些,看来问题不大。

(3) 根据维修经验初步断定是由于自动变速器油泵磨损超过使用限度,使供给变矩器的油量不足,即变矩器里的油液不能得到正常压力,导致发动机转速上升很快但车速升高缓慢。

(4) 拆下自动变速器油泵进行检查,发现外啮合齿轮泵的齿轮磨损超过使用限度,齿轮轴颈与轴承孔径配合也超过使用限度,已超过 0.50mm,泄油严重。

(5) 更换自动变速器油泵后试车,故障排除。

16. 车辆上坡时无力,但发动机转速很高

【故障现象】

一辆 2016 年款雅阁 2.4L 轿车,行驶里程为 5 万 km,车主反映该车上坡时无力,但发动机转速很高。

【故障诊断与排除】

(1) 首先检查自动变速器油液面,在标准范围内;检查油质也未发现异常。

(2) 读取故障码,未显示故障码,说明控制电路部分没有故障。

(3) 当出现故障时,停车用手摸自动变速器散热器,温度很高,说明自动变速器散热器散热不良导致自动变速器油温过高,自动变速器进入故障保护模式,出现上坡加速无力的现象。

(4) 更换自动变速器散热器后试车,故障消除。

17. 自动变速器无超速档

【故障现象】

一辆 2010 年款大众途观 2.0L 轿车，行驶里程为 13 万 km，车主反映该车无超速档。

【故障诊断与排除】

（1）首先检查自动变速器油液面，在标准范围内；检查油质也未发现异常。

（2）使用故障诊断仪进行诊断，显示自动变速器阀体故障。由于自动变速器阀体是紧密部件，建议进行更换处理。

（3）如图 5-50 所示，拆卸自动变速器阀体。

（4）如图 5-51 所示，拆下旧自动变速器阀体，然后与新自动变速器阀体进行对比，确保型号一致。

图 5-50　拆卸自动变速器阀体

图 5-51　对比检查

（5）如图 5-52 所示，将新自动变速器阀体安装至自动变速器。

（6）添加自动变速器油。

（7）驾驶车辆进行路试，控制单元控制电磁阀转换，一切条件正常，各档位转换平稳，油压正常，故障排除。

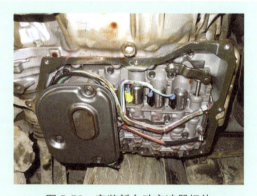

图 5-52　安装新自动变速器阀体

18. 汽车在 D 位能行驶而倒档不能行驶

【故障现象】

一辆 2012 年款雅阁 2.4L 轿车，车主反映该车在 D 位能行驶而倒档不能行驶。

【故障诊断与排除】

（1）首先检查换档拉索，发现换档拉索与变速器连接部分磨损严重，更换换档拉索后，重新进行检查，故障依旧。

（2）检查 D 位指示灯显示正常，并且插头没有出现松动的故障。

（3）拆下换档开关进行测试，没有发现损坏，对其进行调整安装后，换档操作均正常，故障排除。

第六章　离合器故障诊断与快修实例

一、离合器故障诊断

1. 外观诊断
（1）检查离合器踏板自由行程，如无自由行程，则调整离合器踏板自由行程至正常值；如自由行程正常，则检查离合器与飞轮的紧固螺栓是否松动。

（2）检查离合器压紧弹簧是否变软，弹簧是否有断裂现象。

（3）检查离合器摩擦片（图6-1）和离合器压盘是否磨薄，铆钉是否外露，接触表面是否烧蚀、硬化，并查看表面有无油污。

图 6-1　检查离合器摩擦片

2. 异响诊断
离合器异响是指分离或接合时发出异常声响，其主要原因包括：分离轴承磨损或卡死；分离杠杆销以及销孔因磨损而松旷；传动销与销孔因磨损而松旷。判断离合器异响时应轻轻踏下离合器踏板，使分离轴承与分离杠杆接触，此时听到的声响则为分离轴承响，可能由于轴承缺油或轴承松旷损坏等原因引起。

（1）连续踏下和放松离合器踏板，离合器在接合或分离时异响，可按其响声的严重程度，分别判断为是分离杠杆销孔与支承销磨损松旷或从动盘总成的铆钉松动、减振器失效等原因。

（2）踏下和放松离合器踏板后，再踏加速踏板，如出现间断的碰击声，则为分离轴承回位弹簧失效或折断。

（3）将双片离合器的踏板踩到底时，发出"咔啦、咔啦"的声响，则为中间压板孔与传动销之间的配合间隙因磨损过大引起。

二、离合器故障诊断导图

1. 离合器异响诊断导图
离合器异响诊断导图如图6-2所示。

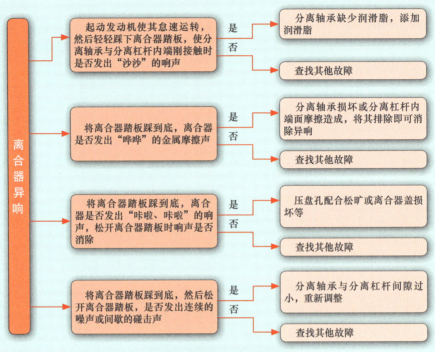

图 6-2 离合器异响诊断导图

2. 离合器分离不彻底诊断导图

离合器分离不彻底诊断导图如图 6-3 所示。

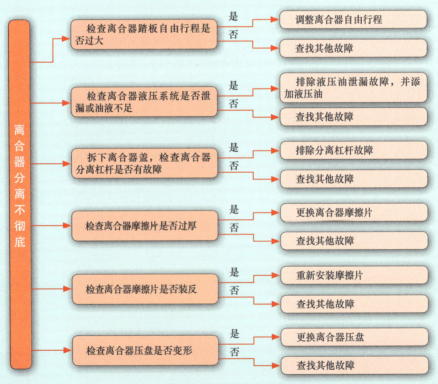

图 6-3 离合器分离不彻底诊断导图

第六章　离合器故障诊断与快修实例

3. 离合器打滑诊断导图

离合器打滑诊断导图如图 6-4 所示。

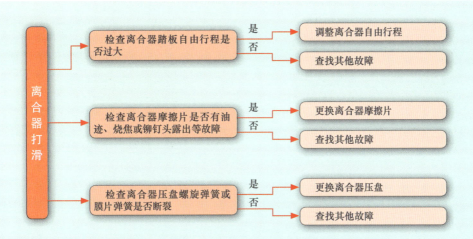

图 6-4　离合器打滑诊断导图

三、离合器快修实例

1. 离合器接合时发出"咔嗒"声

【故障现象】

一辆 2011 年款飞度 1.3L 轿车，行驶里程为 6.2 万 km，车主反映松开离合器踏板，离合器接合时发出"咔嗒"声。

【故障诊断与排除】

（1）首先进行道路试验，发现松开离合器踏板瞬间确实存在"咔嗒"异响。

（2）检查离合器踏板、离合主缸等部件均正常，于是拆卸变速器进一步检查。

（3）如图 6-5 所示，拆下变速器相关部件。

（4）如图 6-6 所示，用拆卸专用工具顶住底盘，然后慢慢抬下变速器。

图 6-5　拆卸变速器相关部件

图 6-6　抬下变速器

73

（5）如图6-7所示，拆下离合器压盘发现膜片弹簧折断，于是选择新的膜片弹簧及离合器压盘进行安装。

（6）如图6-8所示，安装新离合器并将摩擦片安装孔对正。

图6-7　新旧离合器对比

图6-8　安装新离合器

（7）将变速器按照拆卸相反的顺序进行安装。
（8）将半轴及其他部件恢复安装。
（9）驾驶车辆进行路试，离合异常的现象消除，故障彻底排除。

2. 离合器内部有噪声

【故障现象】

一辆2011年款飞度1.3L轿车，行驶里程为6.8万km，车主反映该车离合器内部有噪声。

【故障诊断与排除】

（1）首先进行道路试验，发现离合器内部存在"呱呱"异响。
（2）检查离合器踏板、离合主缸等部件均正常，于是拆卸变速器进一步检查。
（3）如图6-9所示，拆下变速器相关部件。
（4）如图6-10所示，用拆卸专用工具顶住底盘，然后慢慢抬下变速器。

图6-9　拆卸变速器相关部件

图6-10　抬下变速器

（5）如图6-11所示，检查离合器，没有发现任何异常。

（6）检查离合器分离轴承，发现缺油，于是添加润滑脂，如图6-12所示。

图6-11　检查离合器

图6-12　添加润滑脂

第六章 离合器故障诊断与快修实例

（7）将变速器按照拆卸相反的顺序进行安装。
（8）将半轴及其他部件恢复安装。
（9）驾驶车辆进行路试，离合异常的现象消除，故障彻底排除。

3. 离合器踏板力变小

【故障现象】

一辆 2010 年款奇瑞 A3 1.6L 轿车，行驶里程为 9.3 万 km，车主反映该车离合器踏板力变小。

【故障诊断与排除】

（1）首先更换离合器主缸油液并进行排空气，试车故障依旧。

（2）检查离合器踏板回位弹簧，没有出现任何异常情况，根据维修经验判断是离合器主缸损坏造成。

（3）如图 6-13 所示，拆下离合器主缸附近的部件，以便腾出空间拆卸离合器主缸。

（4）如图 6-14 所示，拆下离合器踏板与离合器主缸的紧固螺栓。

图 6-13 拆下离合器主缸附近的部件

图 6-14 拆下离合器踏板紧固螺栓

（5）如图 6-15 所示，拆下离合器主缸的紧固螺栓。

（6）拆下油管，将旧离合器主缸取出，如图 6-16 所示。

图 6-15 拆下离合器主缸紧固螺栓

图 6-16 取出离合器主缸

（7）如图 6-17 所示，选择新离合器主缸，然后按照拆卸相反的顺序进行安装。

（8）如图 6-18 所示，安装好油管以及其他部件。

图 6-17 安装新离合器主缸

图 6-18 安装油管以及其他部件

（9）驾驶车辆进行路试，离合踏板工作正常，故障彻底排除。

4. 踩离合器踏板时，离合器发抖

【故障现象】

一辆 2012 年款海马普力马 1.6L 轿车，行驶里程为 4.72 万 km，车主反映踩离合器踏板时，离合器发抖。

【故障诊断与排除】

（1）首先更换离合器主缸油液并进行排空气，试车故障依旧。

（2）检查离合器踏板回位弹簧，没有出现任何异常情况，根据维修经验判断是离合器压盘表面不平造成，必须进行更换处理。

（3）如图 6-19 所示，将变速器从车上拆下。

（4）如图 6-20 所示，选择新离合器压盘。

图 6-19　拆下变速器

图 6-20　新离合器压盘

（5）如图 6-21 所示，安装离合器压盘并对正摩擦片。

（6）如图 6-22 所示，将变速器安装至车辆上，然后将拆卸的部件安装好即可。

图 6-21　安装离合器压盘

图 6-22　安装变速器

（7）驾驶车辆进行路试，离合踏板工作正常，故障彻底排除。

5. 离合器打滑

【故障现象】

一辆 2016 年款飞度 1.5L 轿车，行驶里程为 7.23 万 km，车主反映松开离合器踏板时，离合器打滑。

【故障诊断与排除】

（1）首先对发动机的工作状况进行检查，未见异常。检查离合器踏板自由行程也符合要求。

（2）拆下离合器后，发现从动盘磨损严重，很多铆钉已外露，离合器压盘、飞轮工作面还出现了沟槽，检查膜片弹簧，发现有发蓝现象。

（3）更换离合器膜片弹簧和从动盘，同时打磨压盘和飞轮工作面，故障彻底排除。

第七章　悬架与传动系故障诊断与快修实例

一、悬架与传动系故障诊断

1. 外观诊断

（1）在车辆底盘下检查悬架的螺旋弹簧、减振器和横向稳定杆、上下摆臂（图7-1）、纵向推力杆等是否出现变形或损坏。

（2）在车辆底盘下检查传动系的部件，包括驱动轴、传动轴及驱动桥是否有变形或损坏。

2. 异响诊断

驾驶汽车进行路试，仔细倾听汽车行驶过程中是否出现螺旋弹簧及减振器（图7-2）、横向稳定杆、上下摆臂异响的情况；倾听汽车行驶过程中是否出现传动轴异响。

图7-1　外观诊断

图7-2　螺旋弹簧及减振器

二、悬架与传动系故障诊断导图

1. 悬架变形诊断导图

悬架变形诊断导图如图7-3所示。

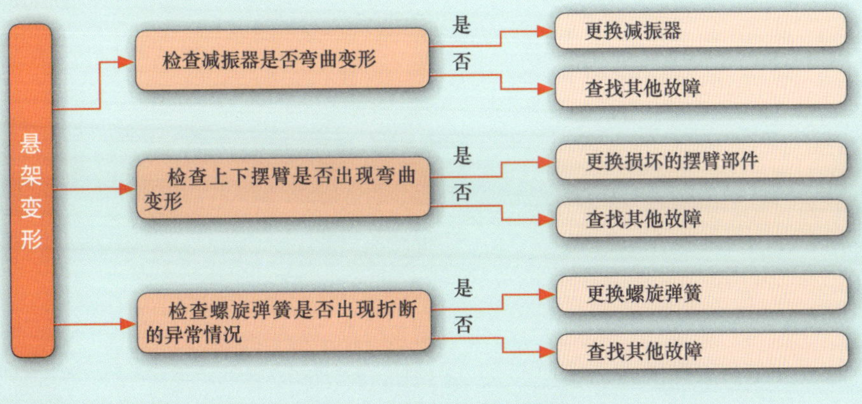

图7-3　悬架变形诊断导图

2. 悬架异响诊断导图

悬架异响诊断导图如图7-4所示。

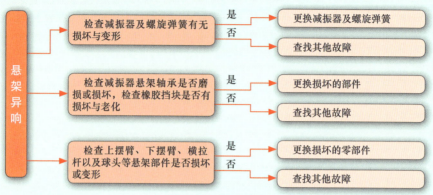

图7-4 悬架异响诊断导图

3. 行驶时轮胎异响诊断导图

行驶时轮胎异响诊断导图如图7-5所示。

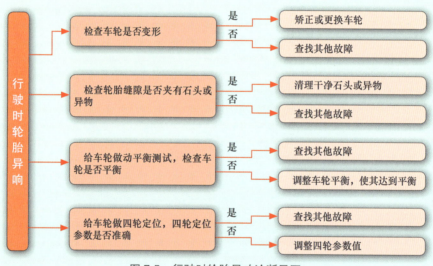

图7-5 行驶时轮胎异响诊断导图

三、悬架与传动系快修实例

1. 悬架异响

【故障现象】

一辆2011年款迈腾1.8TSI轿车，行驶里程为7.96万km，车主反映该车在急转弯或泥坑道路上行驶就会出现异响。

【故障诊断与排除】

（1）首先驾驶车辆进行检查，发现该响声来自于后部悬架系统。

（2）检查车辆的螺旋弹簧以及减振器没有发现漏油或折断的现象，必须进一步进行检查。

(3)如图7-6所示,测试车身左后部位高度只有35cm,而其他高度均在37cm左右,说明该螺旋弹簧损坏,必须更换。

(4)如图7-7所示,用专用工具压紧左后螺旋弹簧。

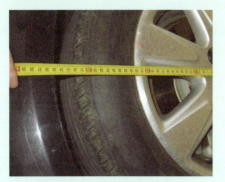

图7-6 测试左后车身高度

图7-7 专用工具

(5)如图7-8所示,拆下螺旋弹簧。

(6)如图7-9所示,将新的螺旋弹簧与旧螺旋弹簧进行比较,发现旧螺旋弹簧弹力明显不足。

图7-8 拆下螺旋弹簧

图7-9 新旧螺旋弹簧对比

(7)如图7-10所示,将新的螺旋弹簧用专用工具压缩。

(8)如图7-11所示,将新的螺旋弹簧安装至车辆上。

图7-10 压缩新螺旋弹簧

图7-11 安装新螺旋弹簧

(9)安装完成后重新检查车身高度达到38cm。
(10)驾驶车辆进行路试,悬架异响消除,故障彻底排除。

2. 车辆跑偏

【故障现象】

一辆 2016 年款雅阁 2.4L 轿车，车主反映该车向右跑偏比较严重。

【故障诊断与排除】

（1）首先将四个轮胎气压调整至 250kPa，然后驾驶车辆进行试车，故障依旧。

（2）检查车辆的上下摆臂、球头均正常，然后对前后轮进行换位，故障现象有所减轻，初步判断是由于轮胎不平衡所致，必须进行车轮动平衡校正。

（3）如图 7-12 所示，拆下四个轮胎。

（4）如图 7-13 所示，进行轮胎动平衡测试。

图 7-12　拆卸轮胎

图 7-13　动平衡测试

（5）其他三个轮胎按照同样的方法进行轮胎动平衡调整，然后将其安装好。

（6）驾驶车辆进行路试，汽车行驶正常，故障彻底排除。

3. 前轮侧滑

【故障现象】

一辆 2012 年款福克斯 1.6L 轿车，行驶里程为 4.69 万 km，车主反映该车存在前轮侧滑的现象。

【故障诊断与排除】

（1）首先检查轮胎花纹深度均符合要求，同时使用气压表将轮胎调整至相同的气压（一般为 250kPa），进行路试故障依旧。

（2）检查车辆的上下摆臂、球头均正常，然后检查转向横拉杆内、外球头，发现外球头松旷，必须进行更换处理。

（3）如图 7-14 所示，选择新外球头。

（4）如图 7-15 所示，拆下损坏的外球头。

图 7-14　新外球头

图 7-15　拆下损坏的外球头

(5) 如图 7-16 所示，安装新外球头。

(6) 按照同样的方法安装另一边外球头，然后进行四轮定位调整前束值，如图 7-17 所示。

图 7-16　安装新外球头

图 7-17　进行四轮定位

(7) 驾驶车辆进行路试，然后根据行驶情况重新进行轻微调整前束值后，汽车行驶正常，故障彻底排除。

4．车辆行驶方向摆头

【故障现象】

一辆 2011 年款中华骏捷 1.6L 轿车，行驶里程为 6.81 万 km，车主反映该车前轮有异常磨损，并且高速行驶时有摆头现象。

【故障诊断与排除】

(1) 首先调整轮胎气压至 230 kPa 左右，发现轮胎确实存在内侧磨损异常，说明悬架系统部件存在损坏。

(2) 升起车辆，检查车架、减振器等没有发现变形，检查左右两边的上下摆臂，发现两个上摆臂球头都有不同程度的损坏，必须进行更换。

(3) 如图 7-18 所示，拆下上摆臂紧固螺栓。

(4) 如图 7-19 所示，拆下上摆臂，并用千斤顶顶起下摆臂，避免损坏下面球头。

图 7-18　拆卸上摆臂紧固螺栓

图 7-19　取下上摆臂

（5）如图 7-20 所示，选择新上摆臂。安装好新上摆臂，然后将其他部件安装好即可。

（6）如图 7-21 所示，将车辆移至四轮定位仪进行定位。

图 7-20　新上摆臂

图 7-21　四轮定位

（7）驾驶车辆进行路试，行驶方向摆头的现象消除，故障彻底排除。

5. 转向沉重

【故障现象】

一辆 2008 年款雅阁 2.0L 轿车，行驶里程为 12.9 万 km，车主反映该车转向沉重。

【故障诊断与排除】

（1）首先使用故障诊断仪进行检查，没有发现任何可疑的故障码，判断故障出现在机械部分。

（2）检查转向盘、转向柱以及转向器均正常，也没有出现转向油液泄漏的情况。

（3）起动发动机，其中一名技师进入驾驶室转动转向盘，另一名技师检查转向助力泵的工作情况，发现转向助力泵在转向盘快速转动的过程中有明显的响声，说明转向助力泵故障，必须进行更换。

（4）如图 7-22 所示，拆开转向助力泵储油罐安装螺栓。

（5）如图 7-23 所示，拆开转向助力泵连接油管，并将多余的油液收集起来，避免流在车身上。

图 7-22　拆开储油罐安装螺栓

图 7-23　拆开转向助力泵连接油管

（6）如图 7-24 所示，拆开转向助力泵紧固螺栓，然后将其取下。

（7）如图 7-25 所示，将连接油管安装至新转向助力泵上。

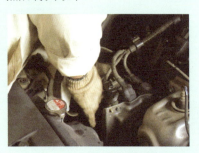

图 7-24　拆卸转向助力泵

图 7-25　安装新转向助力泵附件

第七章 悬架与传动系故障诊断与快修实例

(8) 安装好新转向助力泵,然后安装传动带。

(9) 如图 7-26 所示,添加转向助力液至规定的位置。

(10) 驾驶车辆进行路试,转向沉重现象消除,故障彻底排除。

图 7-26 添加转向助力液

6. 轮胎磨损异常

【故障现象】

一辆 2010 年款骊威 1.8L 轿车,行驶里程为 9.16 万 km,车主反映该车轮胎磨损严重。

【故障诊断与排除】

(1) 首先检查减振器、螺旋弹簧、摆臂、球头等均正常,说明悬架系统没有任何问题。

(2) 检查轮胎压力都符合要求,于是建议车主进行定位校准。

(3) 如图 7-27 所示,将车辆驶入四轮定位仪。

(4) 如图 7-28 所示,安装四轮定位仪支架。

图 7-27 车辆驶入四轮定位仪

图 7-28 安装四轮定位仪支架

(5) 如图 7-29 所示,安装四轮定位仪传感器。

(6) 如图 7-30 所示,进入骊威车系诊断系统。

图 7-29 安装四轮定位仪传感器

图 7-30 进入骊威车系诊断系统

(7）如图 7-31 所示，通过转动左右两边横拉杆外球头紧固螺母来实现前束值调整。

（8）如图 7-32 所示，将前轮调整至合格为止。

图 7-31　前束值调整

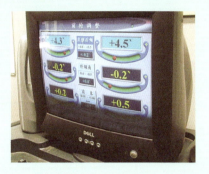

图 7-32　前轮调整

（9）经过一段时间的行驶，通过对车主进行回访得知，轮胎磨损现象消除，故障彻底排除。

7. 车辆行驶时振动

【故障现象】

一辆 2009 年款思域 2.0L 轿车，行驶里程为 11.3 万 km，车主反映该车高速行驶时振动比较厉害。

【故障诊断与排除】

（1）首先驾驶车辆进行路试，当车速达到 95km/h 时振动比较厉害，并且出现车轮跳动的现象。

（2）检查减振器、螺旋弹簧、上下摆臂等均正常，说明悬架系统没有任何问题。

（3）左右摇动轮胎进行检查，发现右前轮轴承比较松旷，表明故障零件必须进行更换处理。

（4）如图 7-33 所示，拆下右前轮制动器及制动盘，然后拆卸轮毂总成。

（5）如图 7-34 所示，用铁锤击打出右前轮轮毂中损坏的轴承。

图 7-33　拆卸轮毂总成

图 7-34　拆卸轮毂轴承

（6）图 7-35 所示为损坏的轴承。

（7）如图 7-36 所示，用专用工具将新轴承压进轮毂中。

图 7-35　损坏的轴承

图 7-36　安装轮毂轴承

（8）驾驶车辆进行路试，振动的现象消除，故障彻底排除。

8．车辆行驶时噪声过大

【故障现象】

一辆 2016 年款雅阁 2.0L 轿车，行驶里程为 3.9 万 km，车主反映该车速度在 80km/h 左右时出现很大的摩擦噪声。

【故障诊断与排除】

（1）首先检查车轮及悬架和车身没有相互干涉的痕迹，并且之前更换过前轮轴承、减振器、下摆臂和转向器后故障依旧。

（2）使用听诊器检查手动变速器内部有异响，于是拆下半轴发现左半轴与差速器干涉，半轴花键有明显的磨损。

（3）将新的左半轴装复，然后进行试车，异响消失，故障排除。

第八章 制动系统故障诊断与快修实例

一、制动系统故障诊断

1. 制动系统故障码的读取

（1）以 X-431 诊断起亚品牌轿车为例，首先启动 X-431，然后找到"起亚诊断系统"，单击"起亚诊断系统"，看到选择菜单有"发动机系统""自动变速器系统""防抱死制动系统"等，如图 8-1 所示。

（2）选择并单击"防抱死制动系统"，如图 8-2 所示。

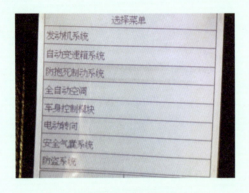

图 8-1 选择菜单界面

图 8-2 单击"防抱死制动系统"

（3）等待 1s，自动进入"读取故障码""清除故障码""读数据流""动作测试"等诊断功能界面，如图 8-3 所示。

（4）如图 8-4 所示，单击"读取故障码"，进入读数状态。如果有故障码，则在显示屏上显示防抱死制动系统的故障码，如果没有故障码，则显示"无故障码"。

图 8-3 诊断功能界面

图 8-4 单击"读取故障码"

2. 制动系统故障码的清除

（1）返回到"读取故障码""清除故障码""读数据流""动作测试"等诊断功能界面，然后单击"清除故障码"，如图8-5所示。

（2）如图8-6所示，进入提示界面，单击"是"则进行清除故障码程序。

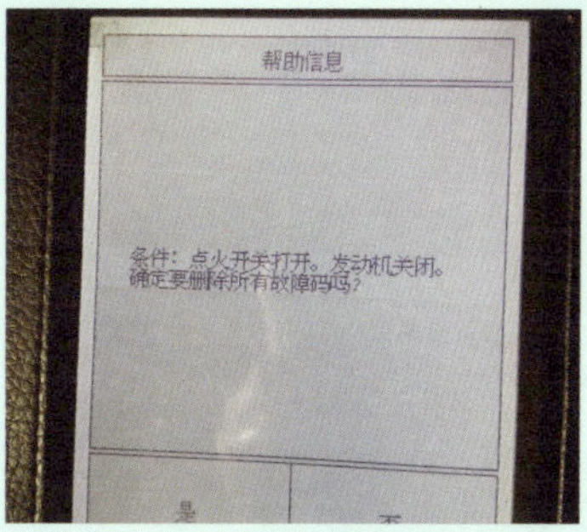

图8-5　单击"清除故障码"

图8-6　进入提示界面

（3）当防抱死制动系统有故障码时将被清理完毕；如果防抱死制动系统还有故障码，则说明该故障依旧存在；如果防抱死制动系统故障码清理不成功则显示"故障码清除失败"，如图8-7所示。

（4）单击"确定"，然后返回到"读取故障码""清除故障码""读数据流""动作测试"等诊断功能界面，如图8-8所示。

图8-7　显示"故障码清除失败"

图8-8　返回诊断功能界面

3. 制动系统数据流的读取

（1）首先启动诊断程序，在功能菜单中单击"读数据流"选项，如图8-9所示。

（2）稍等就进入防抱死制动系统的"数据流"选项，如果有数据则会显示数据；如果没有数据，则显示"无数据输出"，如图8-10所示。

图8-9　单击"读数据流"选项

图8-10　显示"无数据输出"

4. 制动系统执行元件测试

（1）首先启动诊断程序，然后进入"读取故障码""清除故障码""读数据流""动作测试"等诊断功能界面，单击"动作测试"，如图 8-11 所示。

（2）进入"动作测试"项目界面，如果有测试选项则会显示测试项目；如果没有测试项目，则同样显示"无数据输出"。单击返回诊断功能界面，如图 8-12 所示。

图 8-11　单击"动作测试"

图 8-12　返回诊断功能界面

二、制动系统故障诊断导图

1. 制动液失效诊断导图

制动液失效诊断导图如图 8-13 所示。

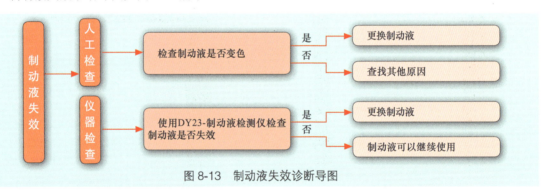

图 8-13　制动液失效诊断导图

2. ABS 故障指示灯亮诊断导图

ABS 故障指示灯亮诊断导图如图 8-14 所示。

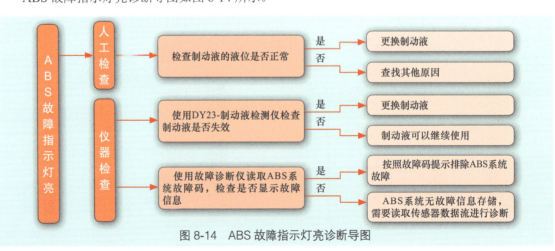

图 8-14　ABS 故障指示灯亮诊断导图

3. 制动时车辆跑偏诊断导图

制动时车辆跑偏诊断导图如图 8-15 所示。

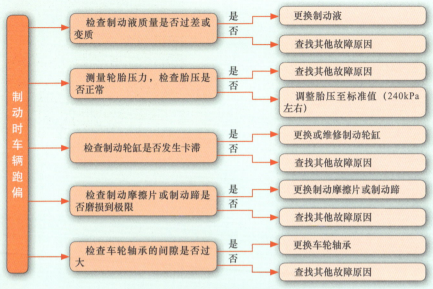

图 8-15　制动时车辆跑偏诊断导图

三、制动系统快修实例

1. 制动踏板过低

【故障现象】

一辆 2012 年款雅阁 2.4L 轿车，车主反映该车制动踏板过低，制动无力。

【故障诊断与排除】

（1）首先驾驶车辆进行路试，当紧急制动时制动踏板无力，并且经过多次试车出现的现象一样，说明制动系统存在故障。

（2）使用 HDS 故障诊断仪读取故障码，没有发现任何可疑的情况，说明 ABS 等电控系统正常，应对制动系统机械部分进行检查。

（3）检查发现制动液过脏，而制动摩擦片、制动轮缸、制动主缸、制动管路等均正常，于是决定更换制动液后再进行试车。

（4）如图 8-16 所示，抽干制动液壶中的制动液。

（5）如图 8-17 所示，添加新制动液至满。

图 8-16　抽取制动液

图 8-17　添加制动液

（6）如图8-18所示，由一名技师在车下摘掉制动轮缸放液口上的橡胶防尘帽，将准备的透明软管两端分别装在放液口和废液收集瓶中，之后用扳手逆时针方向松开放液口螺钉，同时另一名技师在车上反复踩制动踏板，直到制动液清亮后拧紧放液口螺钉即可。

（7）其他三个车轮按照同样的方法排放制动液，然后添加新制动液至标准位置。

（8）驾驶车辆进行路试，制动踏板正常，故障现象消除。

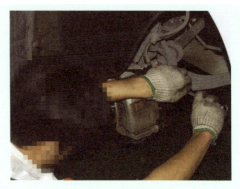

图8-18　排放制动液

2．制动踏板行程过大

【故障现象】

一辆2016年款雅阁2.4L轿车，行驶里程为6万km，车主反映该车制动踏板行程过大，并且制动时有异响。

【故障诊断与排除】

（1）首先驾驶车辆进行路试，发现异响来自后轮制动部件。

（2）检查发现制动液、制动轮缸、制动主缸、制动管路等均正常，而后制动摩擦片磨损严重，必须进行更换处理。

（3）如图8-19所示，拆下后制动摩擦片。　　（4）如图8-20所示，选择型号一致的新后制动摩擦片。

图8-19　后制动摩擦片

图8-20　新旧摩擦片对比

（5）更换后制动摩擦片后进行试车，制动异响及踏板行程过大现象消除，故障彻底排除。

3．制动时有噪声

【故障现象】

一辆2011年款蒙迪欧致胜2.0L轿车，行驶里程为7.63万km，车主反映在车速130km/h时，轻踩制动踏板发现转向盘左右晃动，如果用力踩踏抖动更加厉害，并且制动时发出刺耳的噪声。

【故障诊断与排除】

（1）首先驾驶车辆进行路试，发现制动时噪声来自前轮部件，根据维修经验判断一般是由于制动盘凹凸不平引起。

（2）经过检查，发现前轮的两个制动盘严重磨损并且凹凸不平，决定进行更换处理。

（3）如图8-21所示，拆下前轮胎后将制动轮缸及制动盘拆下。

（4）如图8-22所示，安装新制动盘后将制动轮缸等部件安装好。

图8-21 拆卸制动盘

图8-22 安装新制动盘

（5）用同样的方法将另一边的制动盘安装好。
（6）驾驶车辆进行路试，制动噪声现象消除，故障彻底排除。

4．制动液有气泡

【故障现象】

一辆2016年款雅阁2.4L轿车，行驶里程为5.36万km，车主反映该车制动时需要将制动踏板踩到很低的位置才会有制动力。

【故障诊断与排除】

（1）首先驾驶车辆进行路试，发现当车速在30km/h左右时缓慢踩下制动踏板，车辆仍然向前行驶，制动效果不良。

（2）询问车主了解到该车曾因故障指示灯点亮更换过ABS制动主缸，于是使用HDS故障诊断仪进行检查，没有发现任何故障码显示。

（3）打开制动液罐，发现罐内有较多的气泡，初步判断为更换ABS制动主缸时空气没有排干净形成气阻引起。

（4）检查制动踏板，自由行程符合要求，于是重新对制动系统进行排空，故障彻底排除。

5．制动盘磨损不均

【故障现象】

一辆2012年款雅阁2.0L轿车，行驶里程为6.3万km，车主反映该车制动发抖。

【故障诊断与排除】

（1）首先驾驶车辆进行路试，制动时发抖并伴随"唧唧"响，根据维修经验判断一般是由于制动盘磨损不均造成的。

（2）经过检查，发现前轮的两个制动盘磨损不均但没有达到更换的程度，决定进行光盘处理。

（3）如图8-23所示，分别拆下前轮制动轮缸、制动钳等部件，然后分别拆下前轮制动盘。

（4）如图8-24所示，将前轮制动盘光盘处理完成后，按照拆卸相反的顺序进行安装。

图8-23　前轮制动盘

图8-24　前轮制动盘光盘处理完成

（5）驾驶车辆进行路试，故障彻底排除。

6. 制动时振动激烈

【故障现象】

一辆2016年款雅阁2.4L轿车，行驶里程为3.9万km，车主反映轻踩制动踏板，出现制动踏板振动激烈的故障。

【故障诊断与排除】

（1）用HDS故障诊断仪检测ABS（防抱死制动系统），没有故障码输出。

（2）根据经验拆检4个轮速传感器，发现上面吸附了许多粉尘。由于轮速传感器上面有过多的粉尘，导致轮速传感器的信号减弱或有偏差，使ABS把良好干燥的路面误判成高低不平复杂的路面，出现轻踩制动踏板，制动踏板振动激烈的故障。

（3）清除4个轮速传感器上的粉尘，安装好后进行试车，故障排除。

7. 制动踏板变硬

【故障现象】

一辆2012年款卡罗拉1.6L轿车，行驶里程为6.26万km，车主反映踩下制动踏板时感觉制动踏板变硬。

【故障诊断与排除】

（1）首先检查液压制动系统，没有出现任何故障。

（2）检查制动轮缸、制动主缸等均正常，于是更换制动液后进行试车，故障依旧。

（3）关闭发动机，连续几次踩踏制动踏板，以消耗真空制动助力泵的真空，直至踩住制动踏板不放，重新起动发动机让其怠速运转，发现制动踏板行程没有变化，说明真空制动助力泵损坏或系统有故障。

（4）经过进一步的检查，发现真空制动助力泵上的真空软管出现破裂，更换新件后试车，故障排除。

第八章　制动系统故障诊断与快修实例

8．制动时车辆跑偏

【故障现象】

一辆 2013 年款雷克萨斯 ES250 2.5L 轿车，行驶里程为 3.2 万 km，车主反映该车在高速行驶中紧急制动时出现向左或向右跑偏的故障。

【故障诊断与排除】

（1）由于 ABS 故障指示灯数次不灭，于是利用故障诊断仪进行检查，结果未发现任何故障码。

（2）检查 4 个轮速传感器的线路连接，均正常。

（3）用故障诊断仪对 ABS 调节器电磁阀及液压泵进行功能测试，工作均正常，但是其声音有明显的迟缓，感觉像是被粘住一样。

（4）打开制动液罐发现制动液呈现深黄色，说明制动液变质，故障可能是制动管路堵塞所致。

（5）将制动管路清洗干净并更换制动液后进行试车，制动恢复正常，故障彻底排除。

9．紧急制动时车轮抱死

【故障现象】

一辆 2012 年款卡罗拉 1.6L 轿车，行驶里程为 5.66 万 km，车主反映在行驶中出现紧急制动时车轮抱死，此时还伴随 ABS 故障指示灯报警的现象。

【故障诊断与排除】

（1）根据维修经验，紧急制动时出现 ABS 故障指示灯报警的现象，说明 ABS 线路出现接触不良的故障。

（2）用故障诊断仪读取故障码，显示该车右前轮轮速传感器信号不正常。经过认真地检查，发现右前轮轮速传感器插接器脱落。

（3）将右前轮轮速传感器的插接器插好，用故障诊断仪清除故障码，然后进行试车，故障排除。

10．行驶过程中 ABS 故障指示灯亮

【故障现象】

一辆 2016 年款卡罗拉 1.6L 轿车，行驶里程为 4.26 万 km，车主反映行驶中 ABS 故障指示灯亮。

【故障诊断与排除】

（1）首先询问车主了解到该车夜间行车时仪表上 ABS 故障指示灯点亮，检查发现 ABS 控制单元的熔丝烧断，更换新的熔丝一切正常。

（2）检查发电机的发电量正常，但过一个星期后车主反映 ABS 故障指示灯又点亮。

（3）用故障诊断仪检查 ABS 时发现诊断仪无法进入 ABS 控制单元，进一步检查发现熔丝又烧断了，于是更换新的熔丝。

（4）试着晃动车辆检查熔丝，在晃动车辆时无意中转动了转向盘，熔丝再次烧断，因此断定转方向时磨到了其中的线束。于是沿着转向柱往下找，发现一条线束离转向节很近，已经磨破导致搭铁。

（5）将线束重新包扎后试车，故障彻底排除。

第九章　动力转向系故障诊断与快修实例

一、动力转向系故障诊断

1. 动力转向系故障码的读取

（1）以 X-431 诊断起亚品牌轿车为例，首先启动 X-431，然后找到"起亚诊断系统"，单击"起亚诊断系统"，看到选择菜单有"发动机系统""自动变速器系统""防抱死制动系统""电子驻车系统"等，如图 9-1 所示。

（2）如图 9-2 所示，单击"电子驻车系统"。

图 9-1　显示"电子驻车系统"

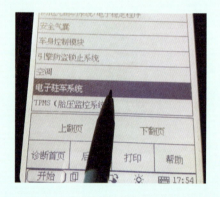

图 9-2　单击"电子驻车系统"

（3）稍等片刻进入"动力转向系统"界面，如图 9-3 所示。

（4）如图 9-4 所示，单击"动力转向系统"，然后进入"读取故障码""清除故障码""读数据流"界面。

图 9-3　"动力转向系统"界面

图 9-4　单击"动力转向系统"

第九章　动力转向系故障诊断与快修实例

（5）"读取故障码""清除故障码""读数据流"等诊断功能界面如图9-5所示。

（6）如图9-6所示，单击"读取故障码"，进入读取状态。

图9-5　诊断功能界面

图9-6　单击"读取故障码"

（7）测试完毕，如果有故障码，则在显示屏上显示动力转向系统的故障码；如果没有故障码，则显示"无故障码"。

2. 动力转向系故障码的清除

（1）返回到"读取故障码""清除故障码""读数据流""动作测试"等诊断功能界面，然后单击"清除故障码"，如图9-7所示。

（2）如图9-8所示，进入提示界面，单击"是"则进行清除故障码程序。如动力转向系统有故障码则将被清理完成。

图9-7　单击"清除故障码"

图9-8　进入到提示界面

3. 动力转向系数据流的读取

（1）首先启动诊断程序，在功能菜单中单击"读数据流"选项，如图9-9所示。

（2）稍等就进入动力转向系统的"数据流项目"选项，如图9-10所示。

图9-9　单击"读数据流"选项

图9-10　"数据流项目"选项

（3）单击动力转向系统的"数据流项目"选项，让其显目条变为蓝色，如图 9-11 所示。

（4）当选择了所需动力转向系统的"数据流项目"选项后，单击"确定"，显示屏将会显示出动力转向系统的数据流，如图 9-12 所示。

图 9-11 选择"数据流项目"选项

图 9-12 动力转向系统的数据流

二、动力转向系故障诊断导图

1．转向锁止诊断导图

转向锁止诊断导图如图 9-13 所示。

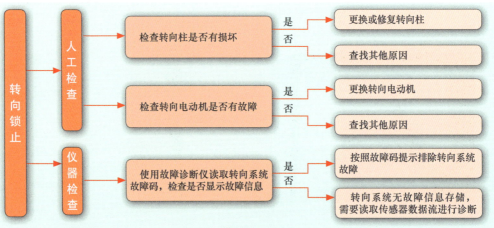

图 9-13 转向锁止诊断导图

2．转向无助力诊断导图

转向无助力诊断导图如图 9-14 所示。

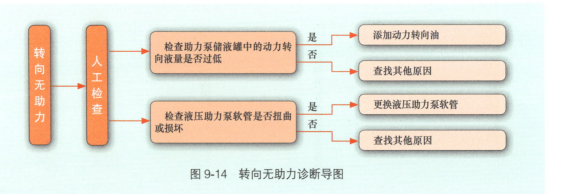

图 9-14 转向无助力诊断导图

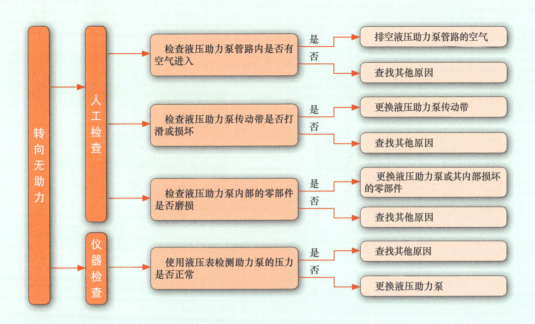

图 9-14　转向无助力诊断导图（续）

3. 转向时异响诊断导图

转向时异响诊断导图如图 9-15 所示。

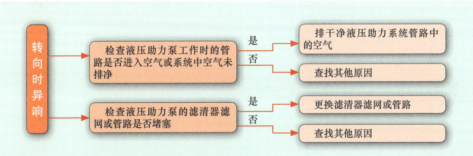

图 9-15　转向时异响诊断导图

三、动力转向系快修实例

1. 行驶跑偏及左右转向轻重不一样

【故障现象】

一辆 2007 年款雅阁 3.0L 轿车，行驶里程为 14.91 万 km，车主反映该车在高速时出现行驶跑偏及左右转向轻重不一样的现象。

【故障诊断与排除】

（1）首先检查助力泵传动带，发现传动带有裂纹，更换后进行试车，故障依旧。

（2）由于转向轻重不一样，根据维修经验判断是助力泵内部叶片损坏，于是进行分解修复。

（3）如图9-16所示，拆下液压助力泵。

（4）如图9-17所示，分解液压助力泵，然后更换损坏的叶片。

图9-16 拆卸液压助力泵

图9-17 液压助力泵内部结构

（5）如图9-18所示，按照与拆卸相反的顺序安装好液压助力泵。

（6）将更换好叶片的助力泵安装至车辆上，然后添加助力液至规定位置。

（7）驾驶车辆进行路试，转向助力正常，故障排除。

图9-18 安装液压助力泵

2．车辆急转弯时方向沉重

【故障现象】

一辆2007年款凯美瑞2.4L轿车，行驶里程为13.69万km，车主反映该车急转弯时方向沉重。

【故障诊断与排除】

（1）经试车，发现动力转向系统的液压助力泵效果逐渐减弱，转向时出现转向沉重的故障。根据试车情况，首先检测了液压助力泵液面高度是否正常、是否有泄漏的地方，均正常。

（2）检测转向系统中的液压助力泵压力，将液压表的一端接在叶片泵的输出端，另一端接在液压助力泵的输入端，使发动机怠速运转；在液压表的阀门全闭的情况下，测得液压为3.50kPa，而标准值应大于7kPa，说明液压泵有故障。

（3）将转向盘分别转到左右极限位置，再打开液压表阀门，分别测量液压均为3.50 kPa，说明液压助力泵、安全阀以及溢流阀均正常。

（4）拆检叶片泵，发现泵内的各滑片表面磨损严重，厚度仅为1.25mm，而标准值为1.55mm。

（5）更换叶片泵内的滑片、弹簧和弹簧座，按规定安装好后试车，故障排除。

3. 转向时出现异响

【故障现象】

一辆 2011 年款凯美瑞 2.0L 轿车，行驶里程为 8.21 万 km，车主反映该车在转向时出现异响。

【故障诊断与排除】

（1）首先打开发动机舱盖检查储液罐，液面正常，但发现油液起泡，说明动力转向系统有空气。

（2）将动力转向系统内的空气排干净，然后进行试车，故障依旧。

（3）起动发动机使其怠速运转，由一名技师转动转向盘，另一名技师用听诊仪检查，发现液压助力泵内部异响，表明该液压助力泵有磨损的情况。

（4）更换液压助力泵并添加动力转向液后，异响消除，故障彻底排除。

4. 转向无助力或助力过小

【故障现象】

一辆 2006 年款奥德赛 2.4L 轿车，行驶里程为 19.28 万 km，车主反映该车转向无助力或助力过小。

【故障诊断与排除】

（1）首先打开发动机舱盖检查储液罐，液面正常。

（2）起动发动机使其怠速运转，由一名技师转动转向盘，另一名技师用听诊仪检查液压助力泵，没有发现异常，但发现液压助力泵传动带打滑，于是决定进行更换处理。

（3）如图 9-19 所示，拆卸液压助力泵传动带。

（4）图 9-20 所示为旧液压助力泵传动带。

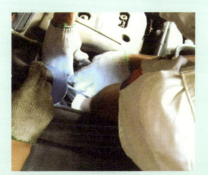

图 9-19 拆卸液压助力泵传动带

图 9-20 旧液压助力泵传动带

（5）安装好新液压助力泵传动带，然后起动发动机进行检查，没有出现打滑，如图 9-21 所示。

（6）驾驶车辆进行路试，转向无助力或助力过小的故障彻底排除。

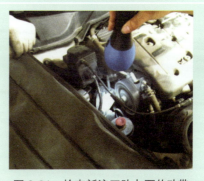

图 9-21 检查新液压助力泵传动带

5. 操纵转向盘右转或左转时助力有差异

【故障现象】

一辆 2011 年款波罗 1.4L 轿车，行驶里程为 10.91 万 km，车主反映操纵该车转向盘右转或左转时助力有差异。

【故障诊断与排除】

（1）首先检查左右两横拉杆球头，发现横拉杆球头损坏，重新更换并进行定位校准后进行试车，故障依然存在。

（2）连接故障诊断仪 VAS5052A 进行检测，故障诊断仪显示转角传感器有故障，于是判定是该传感器损坏。

（3）仔细检查转角传感器发现其表面很粗糙，于是使用细砂纸对传感器表面进行打磨，安装后试车，故障彻底排除。

第十章　空调系统故障诊断与快修实例

一、空调系统故障诊断

1. 空调系统故障码的读取

（1）以 X-431 诊断起亚品牌轿车为例，首先启动 X-431，然后找到"起亚诊断系统"，单击"起亚诊断系统"，看到选择菜单有"发动机系统""防抱死制动系统""安全气囊""空调"等，如图 10-1 所示。

（2）单击"空调"，如图 10-2 所示。

图 10-1　"空调"菜单界面

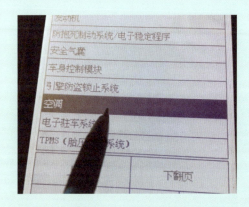

图 10-2　单击"空调"

（3）等待 1s，自动进入"读取故障码""清除故障码""读数据流""动作测试"的诊断功能界面，如图 10-3 所示。

（4）如图 10-4 所示，单击"读取故障码"，进入读数状态。如果有故障码，则在显示屏上显示空调的故障码，如果没有故障码，则显示"无故障码"。

图 10-3　诊断功能界面

图 10-4　单击"读取故障码"

2．空调系统故障码的清除

返回到"读取故障码""清除故障码""读数据流""动作测试"的诊断功能界面，然后单击"清除故障码"（图10-5），即可进入清除故障码程序来清除空调系统的故障码。

3．空调系统数据流读取

首先启动诊断程序，在功能菜单中单击"读数据流"选项，如图10-6所示。稍等片刻就进入空调系统的"数据流项目"选项，选择了所需空调控制系统的"数据流项目"选项后，单击"确定"，显示屏将会显示出空调系统的数据流。

图10-5　单击"清除故障码"

图10-6　单击"读数据流"选项

4．空调系统执行元件测试

（1）首先启动诊断程序，然后进入"读取故障码""清除故障码""读数据流""动作测试"的诊断功能界面，单击"动作测试"，如图10-7所示。

（2）进入"动作测试"项目界面（图10-8），然后根据需要对其显示的项目进行测试，测试完毕就会显示测试结果。

图10-7　单击"动作测试"

图10-8　"动作测试"项目界面

二、空调系统故障诊断导图

1．空调系统无法起动诊断导图

空调系统无法起动诊断导图如图10-9所示。

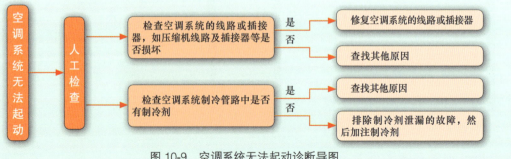

图10-9　空调系统无法起动诊断导图

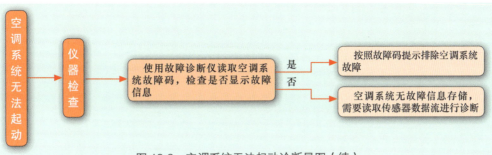

图 10-9　空调系统无法起动诊断导图（续）

2. 空调系统不制冷故障排除导图

空调系统不制冷故障排除导图如图 10-10 所示。

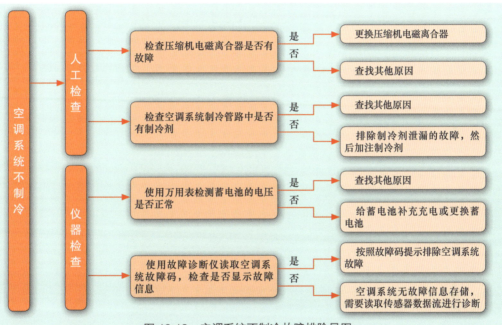

图 10-10　空调系统不制冷故障排除导图

3. 空调系统制冷效果差故障排除导图

空调系统制冷效果差故障排除导图如图 10-11 所示。

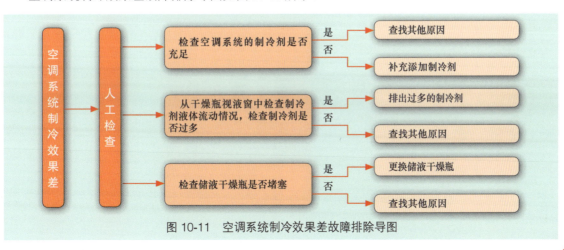

图 10-11　空调系统制冷效果差故障排除导图

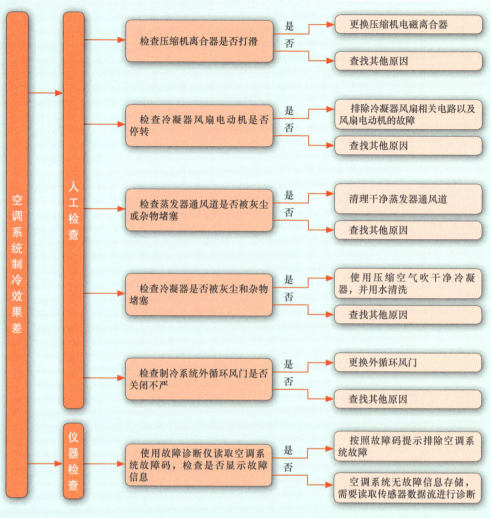

图 10-11　空调系统制冷效果差故障排除导图（续）

4．空调出风量过小故障排除导图

空调出风量过小故障排除导图如图 10-12 所示。

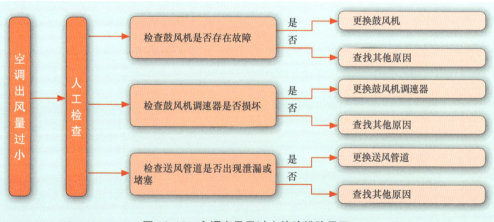

图 10-12　空调出风量过小故障排除导图

第十章　空调系统故障诊断与快修实例

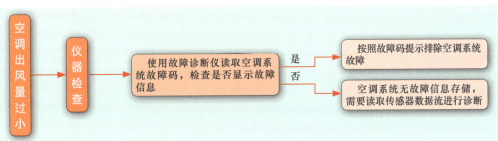

图 10-12　空调出风量过小故障排除导图（续）

三、空调系统快修实例

1. 从出风口吹出的风量不足

【故障现象】

一辆 2012 年款雅阁 2.4L 轿车，行驶里程为 4.67 万 km，车主反映该车从出风口吹出的风量不足。

【故障诊断与排除】

（1）首先拆下空调滤清器，发现上面吸满了灰尘，于是用压缩空气吹干净后装复，出风口风量比之前有所改变，但是仍然有堵塞的现象。

（2）决定拆下鼓风机进一步检查。

（3）拆下前排乘客侧的下护板，然后拆下鼓风机插头，如图 10-13 所示。

（4）拆下鼓风机的 3 颗安装螺钉，如图 10-14 所示。

图 10-13　拆下鼓风机插头

图 10-14　拆下鼓风机

（5）将鼓风机放置在通风处用高压风枪将粉尘及杂物吹干净，如图 10-15 所示。

（6）用高压风枪将空气分配管道清洁干净，如图 10-16 所示。

图 10-15　清洁鼓风机

图 10-16　清洁空气分配管道

（7）最后将鼓风机等拆卸的部件安装好。

（8）打开鼓风机开关，出风口风量正常，故障排除。

2．从出风口吹出的风量没有变化

【故障现象】

一辆 2008 年款飞度 1.5L 轿车，行驶里程为 14.9 万 km，车主反映该车从出风口吹出的风量没有变化，只有高速档。

【故障诊断与排除】

（1）根据维修经验，鼓风机只有高速档一般是鼓风机调速器故障，于是决定将其拆下进一步检查。

（2）拆下前排乘客侧杂物箱下面的挡板。

（3）如图 10-17 所示，拆下鼓风机调速器。

（4）如图 10-18 所示，打开鼓风机调速器外壳，发现电阻丝烧断。

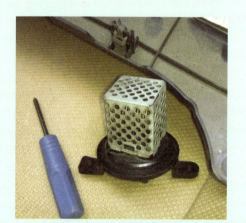

图 10-17　鼓风机调速器

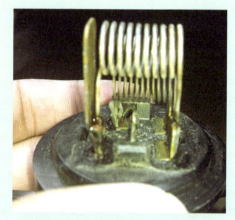

图 10-18　损坏的鼓风机调速器

（5）选择新的鼓风机调速器进行更换。

（6）更换新的鼓风机调速器后，装复试车，故障现象消除。

3．从出风口吹风模式不变

【故障现象】

一辆 2010 年款奔腾 B70 1.8L 轿车，行驶里程为 8.63 万 km，车主反映开空调时打开吹脸模式，吹风模式未发生改变。

【故障诊断与排除】

（1）首先使用自动空调自诊断系统进行测试，没有发现任何故障。

（2）使用故障诊断仪进入空调系统进行模拟测试，发现空调模式电动机不工作，说明空调模式电动机损坏，需要进行更换处理。

第十章　空调系统故障诊断与快修实例

（3）如图 10-19 所示，拆下前排乘客侧杂物箱。

图 10-19　拆下杂物箱

（4）如图 10-20 所示，拆下空调模式电动机。

图 10-20　空调模式电动机位置

（5）如图 10-21 所示，选择新空调模式电动机进行更换。
（6）安装好之前拆卸的其他部件。
（7）打开空调进行测试，故障现象消除。

图 10-21　新空调模式电动机

4．压缩机内部异响

【故障现象】
一辆 2009 年款高尔夫 1.6L 轿车，行驶里程为 12.3 万 km，车主反映开空调时压缩机内部异响。
【故障诊断与排除】
（1）首先起动发动机，使用听诊器检查发现压缩机内部轴承响。
（2）起动空调，继续使用听诊器检查发现压缩机离合器接合瞬间，响声更加明显，于是确定更换压缩机离合器总成。

（3）选择新压缩机离合器总成，如图 10-22 所示。

图 10-22　新压缩机离合器总成

（4）拆下旧压缩机离合器压盘、传动带盘、电磁线圈、轴承等部件，如图 10-23 所示。

图 10-23　旧压缩机离合器部件

（5）按照拆卸相反的顺序安装好压缩机离合器总成。
（6）起动发动机并打开空调，制冷效果明显增强，并且压缩机异响的故障排除。

5．空调压缩机常烧电磁离合器

【故障现象】
一辆 2016 年款雅阁 2.4L 轿车，行驶里程为 5.6 万 km，车主反映该车上坡时无力，但发动机转速上升得很高。

【故障诊断与排除】
（1）首先起动发动机，检查充电系统电压，电压为 13.5～14.5V，没有出现过高的故障。
（2）根据故障分析，一般线路接触不良易导致空调压缩机电磁离合器烧坏线圈，于是打开发动机舱，检查发现压缩机控制线路的插头没有松动或接触不良的现象。
（3）拆下压缩机离合器进行检查，发现离合器压盘有不平整甚至有变形的现象。
（4）重新更换电磁线圈并将空调压缩机带轮与压盘的间隙调整为 0.35～0.60mm，然后进行试车，故障没有再次出现过，故障彻底排除。

6．空调无冷气

【故障现象】
一辆 2008 年款飞度 1.5L 轿车，行驶里程为 14.9 万 km，车主反映该车空调无法起动，无冷气。

【故障诊断与排除】
（1）首先将点火开关转至 ON（Ⅱ）位置，然后在所有的转速位置检查鼓风机，发现鼓风机电动机在所有的转速位置都能正常工作，但是两个风扇和空调压缩机都不工作，说明空调控制单元可能存在故障。
（2）将点火开关转至 LOCK（0）位置，断开空调控制单元 36 针插接器，将点火开关转至 ON（Ⅱ）位置。测量发现空调控制单元 36 针插接器 26 号端子和车身搭铁之间没有电压，说明该线路存在断路或空调压力开关故障。
（3）将点火开关转至 LOCK（0）位置，断开空调压力开关 2 针插接器，将点火开关转至 ON（Ⅱ）位置，测量空调压力开关 2 针插接器的 1 号端子（红色）和车身搭铁之间的电压为 12V，说明 MICU 供电正常。
（4）使用万用表检查发现空调压力开关 1 号和 2 号端子之间没有导通，说明该压力开关存在故障。
（5）更换空调压力开关后，起动空调系统，压缩机正常工作，故障彻底消除。

7．空调制冷效果差

【故障现象】
一辆 2012 年款明锐 1.6L 轿车，行驶里程为 4.8 万 km，车主反映该车空调起动后，不动内循环按钮，一切正常；但为了使制冷效果更好一些，一按内循环按钮，出风口便由冷风变为暖风。

【故障诊断与排除】
（1）首先连接歧管压力表进行检查，发现低压侧压力在 118～220 kPa 之间，高压侧压力在 1250～1520 kPa 之间，制冷剂压力正常。
（2）根据维修经验判断，一般是外循环风门故障导致室外的空气进入车内，于是针对外循环风门电动机进行检查。

(3）如图 10-24 所示，拆卸杂物箱。

（4）如图 10-25 所示，拆下外循环风门电动机，然后进行通电测试，发现该风门电动机损坏，必须更换。

图 10-24　拆卸杂物箱

图 10-25　旧风门电动机

（5）如图 10-26 所示，选择新外循环风门电动机安装到位，然后安装其他部件。

（6）起动空调，运用 VAS5052A 清除故障码，然后测试蒸发器温度，如图 10-27 所示。

图 10-26　安装新外循环风门电动机

图 10-27　用 VAS5052A 清除故障码

（7）读取空调蒸发器温度为 7℃，室外温度为 30℃，空调工作正常，故障彻底排除。

8. 蒸发器结霜严重

【故障现象】

一辆 2010 年款奔腾 B70 1.8L 轿车，行驶里程为 7.91 万 km，车主反映开空调时制冷效果变差，并且蒸发器结霜严重。

【故障诊断与排除】

（1）首先检查经过蒸发器的风量，鼓风机工作正常，并且出风口风量也正常，就是冷风效果不佳。

（2）运用 VAS5052A 读取故障码，未显示故障码，说明控制电路没有故障。

（3）根据维修经验，蒸发器结霜基本上都是由膨胀阀损坏导致制冷剂调节失效引起，于是拆下膨胀阀进行检查。

（4）如图10-28所示，拆卸前排乘客侧的杂物箱。

（5）连接上歧管压力表，然后将空调系统的制冷剂排空，如图10-29所示。

图10-28　拆卸前排乘客侧的杂物箱

图10-29　排空制冷剂

（6）从前排乘客侧拆卸膨胀阀，如图10-30所示。

（7）选择原厂的膨胀阀，如图10-31所示。

图10-30　拆卸膨胀阀

图10-31　原厂的膨胀阀

（8）按照相反的顺序将膨胀阀安装好，然后抽真空，加注制冷剂。
（9）起动发动机，打开空调，制冷效果正常，故障彻底排除。

9. 空调系统间歇制冷

【故障现象】
一辆2016年款凯美瑞2.0L轿车，行驶里程为2.41万km，车主反映该车空调系统间歇制冷，制冷效果变差。

【故障诊断与排除】
（1）首先对车辆进行初步检查，打开空调开关不久发现压缩机频繁起停，说明空调系统故障。
（2）接上歧管压力表，低压为255kPa、高压为1666kPa时，压缩机停止工作；当低压升至412kPa、高压为1372kPa时压缩机开始工作，说明系统压力正常，排除压力过高引起的故障。
（3）对压缩机转速传感器进行检测，测量其电阻为218Ω，在标准范围之内。
（4）打开空调时风扇运转，而正常情况下是在压力达到1568kPa时，风扇才开始运转，说明压力传感器开关故障。
（5）更换压力传感器开关后，压缩机正常运转，空调系统间歇制冷现象消除，故障彻底排除。

10. 空调冷却风扇不转

【故障现象】

一辆2012年款雅阁2.4L轿车,行驶里程为3.61万km,车主反映该车空调冷却风扇不转,制冷效果变差。

【故障诊断与排除】

(1) 首先检查发动机舱盖下熔丝/继电器盒内的9号熔丝(20A)和30号熔丝(7.5A)正常。

(2) 拆下冷凝器风扇继电器,进行测试,没有发现异常。

(3) 测量冷凝器风扇继电器4P插头1号端子与车身之间的电压为12V,说明冷凝器风扇熔丝到继电器电源线路正常。

(4) 将冷凝器继电器插座使用跨接线短接,冷凝风扇依然不转,说明继电器2号端子与冷凝器风扇电路之间存在断路或短路故障。

(5) 将冷凝器风扇2P插头断开,将试灯一端接蓄电池负极,另一端接冷凝器风扇2号端子,试灯正常点亮,说明电源线路正常,可能1号端子与车身搭铁出现故障或冷凝器风扇电动机故障。

(6) 给冷凝器风扇电动机2号端子接蓄电池正极,1号端子接蓄电池负极,电动机没有任何反应,确定冷凝器风扇电动机故障。

(7) 更换冷凝器风扇电动机,起动发动机并打开空调系统,工作正常,故障排除。

11. 高压侧和低压侧的压力都过高

【故障现象】

一辆2012年款科鲁兹1.8L轿车,行驶里程为3.8万km,车主反映该车空调制冷效果不足,高压侧和低压侧的压力都过高。

【故障诊断与排除】

(1) 起动空调进行检查,出风口的冷风很小,加速时制冷效果有所好转。

(2) 连接歧管压力表进行检查,高压侧和低压侧的压力都过高。用手触摸压缩机出口发烫,说明压缩机内部有故障,应进行更换处理。

(3) 从车上拆下压缩机,如图10-32所示。

(4) 选择新压缩机,如图10-33所示。

图10-32 拆下压缩机

图10-33 新压缩机

（5）按照相反的顺序安装新压缩机，如图 10-34 所示。

（6）抽真空并加注制冷剂，如图 10-35 所示。

图 10-34　安装好新压缩机

图 10-35　抽真空并加注制冷剂

（7）起动发动机，打开空调，制冷正常，故障彻底排除。

12．高压侧的压力太低，低压侧压力太高

【故障现象】

一辆 2012 年款凯美瑞 2.4L 轿车，行驶里程为 6.21 万 km，车主反映该车蒸发器经常出现结冰的现象，并且高压侧的压力太低，低压侧压力太高。

【故障诊断与排除】

（1）首先使用故障诊断仪读取空调系统故障码，没有任何故障码显示。

（2）空调工作一段时间后检查蒸发器芯，发现表面有结冰的现象，并且蒸发器内积有大量的水，于是用压缩空气将排水管内的泥沙吹干净，将水排出。

（3）使用万用表检查蒸发器温度传感器两端子间的电阻，电阻值的变化与规定值相符合。

（4）根据多年维修经验总结，出现高压侧的压力太低，低压侧压力太高一般都是由于膨胀阀对制冷剂调节失效，导致制冷剂分配不合理。

（5）最后将膨胀阀更换后，空调正常工作，故障排除。

13．高压侧和低压侧的压力都太低

【故障现象】

一辆 2016 年款雅阁 2.4L 轿车，车主反映该车开空调时无冷风，但过十几分钟后出现微弱的冷风，并且高压侧和低压侧的压力都太低。

【故障诊断与排除】

（1）首先利用歧管压力表检查系统压力，高压为 883kPa，低压为 78kPa，说明压力明显偏低。

（2）起动发动机并打开空调系统，从玻璃检测窗中发现有气泡，表明制冷剂不足。同时还发现制冷剂储液干燥瓶以及膨胀阀前后管路上有结冰现象，出风口出风不冷，并且关机后再开机也没有多大变化，表明制冷系统脏堵。

（3）更换储液干燥瓶，并且拆下膨胀阀用酒精清洗后，重新抽真空，添加制冷剂。

（4）让发动机以 2000r/min 的转速运转，直至气泡消失，用歧管压力表检查，低侧压力在 118～220kPa，高压侧压力在 1250～1520kPa 之间，压力正常，并且使用温度计检查出风口温度为 4.5℃，制冷效果明显好转，故障彻底排除。

14. 冷凝器散热差，制冷效果变差

【故障现象】

一辆 2016 年款雅阁 2.4L 轿车，行驶里程为 4.5 万 km，车主反映该车空调制冷效果变差。

【故障诊断与排除】

（1）首先使用 HDS 读取故障码，没有任何显示。

（2）连接空调压力表，打开空调，将温度调到最低，风速调到最大，并让发动机的转速为 2000r/min，检查低压为 198kPa，高压为 1640kPa，在正常的压力范围内。

（3）检查冷凝器风扇工作正常，并且冷凝器没有出现过脏的现象，因事故维修刚更换过不久，故障的可能性不大。

（4）经过全面检查，确定控制系统没有故障，使用自来水给冷凝器增加冷却，检查出风口，制冷效果比之前有所好转，说明冷凝器散热效果差。

（5）询问车主得知，该车在维修厂使用了不是广汽本田专用的配件，建议车主重新更换原厂的冷凝器和储液干燥瓶部件。

（6）给制冷系统添加大约 50mL 冷冻机油后，重新抽真空添加制冷剂，故障排除。

15. 低压侧变成负压

【故障现象】

一辆 2012 年款雅阁 2.4L 轿车，车主反映该车出现间歇性制冷。

【故障诊断与排除】

（1）首先连接空调歧管压力表到制冷管路上，测得低压为 120kPa，高压为 1350kPa，而加速时低压侧变成负压，说明制冷剂出现瞬时没有压力的情况。

（2）检查制冷管路，没有出现油迹，也没有出现管路松动的现象，说明制冷系统泄漏的可能性不大。

（3）空调间歇性制冷一般是空调系统低压保护开关在起作用，由于压力过低，低压保护开关自动切断离合器的工作，致使制冷系统间歇性地工作。

（4）将空调内的制冷剂放出，重新抽真空，并添加 450～500g 制冷剂后，发现制冷效果明显改善。

（5）关闭所有的车门窗，将温度计放入中央出风口，5min 后，温度计指示温度下降到 4℃，说明空调制冷正常，故障排除。

第十一章　安全气囊系统故障诊断与快修实例

一、安全气囊系统故障诊断

1. 安全气囊系统故障码的读取

（1）以 X-431 诊断起亚品牌轿车为例，首先启动 X-431，然后找到"起亚诊断系统"，单击"起亚诊断系统"，看到选择菜单有"发动机系统""防抱死制动系统""安全气囊"等，如图 11-1 所示。

（2）单击"安全气囊"，如图 11-2 所示。

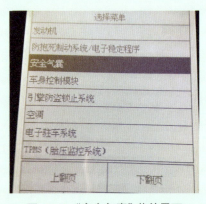

图 11-1　"安全气囊"菜单界面

图 11-2　单击"安全气囊"

（3）等待 1s，自动进入"读取故障码""清除故障码""读数据流"的诊断功能界面，如图 11-3 所示。

（4）如图 11-4 所示，单击"读取故障码"，进入读数状态。如果有故障码，则在显示屏上显示安全气囊的故障码，如果没有故障码，则显示"无故障码"。

图 11-3　诊断功能界面

图 11-4　单击"读取故障码"

第十一章　安全气囊系统故障诊断与快修实例

2. 安全气囊系统故障码的清除

返回到"读取故障码""清除故障码""读数据流"的诊断功能界面，然后单击"清除故障码"（图11-5），即可进入清除故障码程序来清除安全气囊系统的故障码。

3. 安全气囊系统数据流读取

首先启动诊断程序，在功能菜单中单击"读数据流"选项，如图11-6所示。稍等片刻就进入安全气囊系统的"数据流项目"选项，选择了所需空调控制系统的"数据流项目"选项后，单击"确定"，显示屏将会显示出安全气囊系统的数据流。

图11-5　单击"清除故障码"

图11-6　单击"读数据流"选项

二、安全气囊系统故障诊断导图

1. 安全气囊系统故障指示灯长亮诊断导图

安全气囊系统故障指示灯长亮诊断导图如图11-7所示。

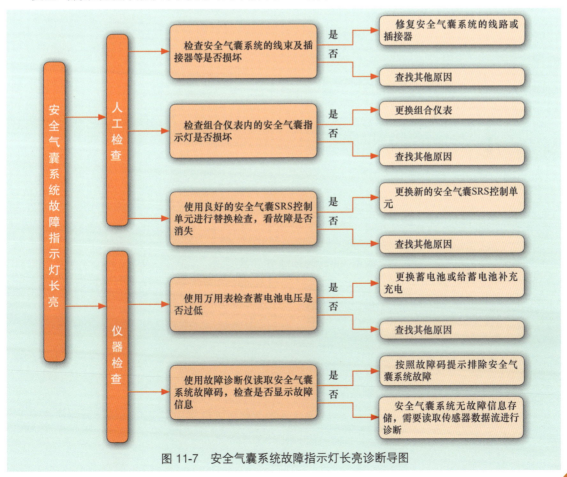

图11-7　安全气囊系统故障指示灯长亮诊断导图

115

2. 安全气囊系统故障指示灯不亮故障排除导图

安全气囊系统故障指示灯不亮故障排除导图如图 11-8 所示。

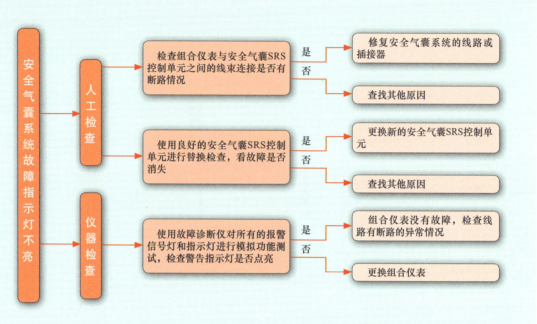

图 11-8　安全气囊系统故障指示灯不亮故障排除导图

三、安全气囊系统快修实例

1. 安全气囊系统警告信号灯不亮

【故障现象】

一辆 2012 年款新凯越 1.6L 轿车，车主反映该车安全气囊系统警告信号灯不亮。

【故障诊断与排除】

（1）首先根据凯越气囊系统线路图，检查仪表板熔丝盒的 F24 和 F21 熔丝，均没有熔断。

（2）连接故障诊断仪测试 SRS 控制单元故障码，结果不能进入，而其他控制单元均能进入，根据维修经验初步判断 SRS 控制单元故障。

（3）断开蓄电池负极线，等待 1 min，拆卸地板中央控制台，断开 SRS 控制单元插接器，然后连接蓄电池负极线，打开点火开关，组合仪表气囊故障灯依然不点亮，说明 SRS 控制单元没有故障。

（4）重新断开蓄电池负极线，等待 1min，断开 SRS 控制单元插接器，用万用表测 SRS 控制单元 A23 脚和车身之间的电阻，为 0.8Ω，结果正常。

（5）用试灯连接 A12 脚和 A23 脚，试灯不能点亮，于是仔细检查，发现位于转向柱旁的 C207 插接器没插到位。C207 插接器三根线均为电源线，分别向 SRS 控制单元 A12 脚、组合仪表气囊故障灯和驾驶人安全带未系指示灯供电。

（6）将插接器插好，打开点火开关，组合仪表气囊故障灯闪烁后熄灭，故障彻底排除。

2. 安全气囊系统警告信号灯长亮

【故障现象】

一辆 2012 年款宝马 X3 2.0L 轿车，车主反映该车行驶中出现安全气囊系统警告信号灯长亮的故障。

【故障诊断与排除】

（1）首先询问车主，了解到该车在一个月前 SRS 警告信号灯曾亮起，在别的修理厂修过后没几天就又亮了。根据故障产生的特点判断，故障很可能是线路接触不良引起的。

（2）用 OBD Ⅱ 解码器读取故障码为驾驶侧安全气囊线路不良/驾驶侧安全带张紧器故障。

（3）把驾驶侧座椅移到最前端，分开线束插接器插头，发现是插头松动导致线路不良而引起的故障。

（4）将插头重新插好并用塑料卡子加以紧固，然后清除故障码，起动车辆后观察 SRS 警告信号灯未再亮起。

（5）驾驶车辆一段时间后 SRS 警告信号灯又点亮，重新读取故障码依旧和之前一样，但无法清除故障码。由于气囊线路不能轻易测量，于是顺着线束插接器往前查，发现该线束进入驾驶座底下的一个大插头里，轻晃此插头 SRS 警告信号灯会闪烁，故而导致线路接触不良。

（6）重新修理插头并用卡子紧固后再试车，SRS 警告信号灯未亮起，故障彻底排除。

3. SRS 控制单元故障

【故障现象】

一辆 2010 年款比亚迪 F3 1.5L 轿车，车主反映该车在高速行驶时出现 SRS 警告信号灯间歇点亮的现象。

【故障诊断与排除】

（1）首先驾驶车辆进行路试，当车速达到 95km/h 时故障现象出现，但低速行驶时正常，初步判断是由于接触不良所致。

（2）连接故障诊断仪进行检查，显示为 SRS 控制单元故障，于是进行更换处理。

（3）如图 11-9 所示，首先拆下蓄电池负极。　　（4）如图 11-10 所示，拆卸 SRS 控制单元。

图 11-9　拆卸蓄电池负极

图 11-10　拆卸 SRS 控制单元

（5）如图 11-11 所示，取下损坏的 SRS 控制单元。

（6）如图 11-12 所示，选择型号一致的 SRS 控制单元按照相反的顺序进行安装。

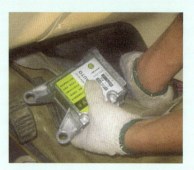

图 11-11　损坏的 SRS 控制单元

图 11-12　安装新 SRS 控制单元

（7）重新连接好蓄电池负极，然后利用比亚迪专用诊断仪 ED400 清除故障码，如图 11-13 所示。

（8）驾驶车辆进行路试，故障现象消除，故障彻底排除。

图 11-13　清除故障码

4．安全气囊螺旋电缆故障

【故障现象】

一辆 2007 年款雅阁 2.4L 轿车，行驶里程为 18.7 万 km，车主反映该车安全气囊警告灯点亮，到 4S 店清了一次故障码，第二天又亮。

【故障诊断与排除】

（1）首先用故障诊断仪读取故障码，显示安全气囊螺旋电缆故障。

（2）清除汽车故障码，然后驾驶车辆进行路试，当急转方向时安全气囊警告灯点亮，重新读取故障码依然显示安全气囊螺旋电缆故障，于是决定进行更换处理。

（3）如图 11-14 所示，拆开转向盘上的安全气囊，然后拆下转向盘。

（4）如图 11-15 所示，拆开转向盘上的护罩，然后取下安全气囊螺旋电缆。

图 11-14　拆卸安全气囊

图 11-15　拆卸安全气囊螺旋电缆

（5）如图 11-16 所示，重新整理好安全气囊螺旋电缆，并将其他部件按照相反的顺序安装好。

（6）如图 11-17 所示，利用故障诊断仪清除故障码。

图 11-16　重新整理好安全气囊螺旋电缆

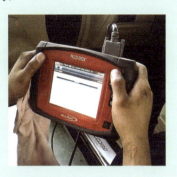

图 11-17　清除故障码

（7）驾驶车辆进行长时间的行驶，安全气囊警告灯工作正常，故障彻底排除。

第十二章　电动座椅故障诊断与快修实例

一、电动座椅故障诊断

1. 电动座椅数据流读取

（1）以 X-431 诊断起亚品牌轿车为例，首先启动 X-431，然后找到"起亚诊断系统"，单击"起亚诊断系统"，看到选择菜单有"发动机系统""防抱死制动系统""安全气囊""车身控制模块"等，然后单击"车身控制模块"，如图 12-1 所示。

（2）稍等片刻后进入"读数据流""动作测试"的界面，如图 12-2 所示。

图 12-1　单击"车身控制模块"

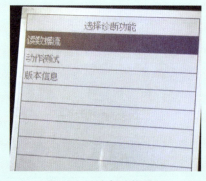

图 12-2　诊断功能界面

（3）在功能菜单中单击"读数据流"选项，如图 12-3 所示。稍等就进入车身控制模块的"数据流项目"选项，找到"电动座椅项目"选项，单击让其显目条变为蓝色，单击"确定"即可在显示屏显示出电动座椅数据流。

图 12-3　单击"读数据流"选项

第十二章 电动座椅故障诊断与快修实例

2. 电动座椅执行元件测试

首先启动诊断程序，然后进入"读数据流""动作测试"的诊断功能界面，单击"动作测试"，如图 12-4 所示。进入"动作测试"项目界面后找到电动座椅的项目进行测试，测试完毕就会显示测试结果。

图 12-4 单击"动作测试"

二、电动座椅故障诊断导图

1. 电动座椅不能调节故障诊断导图

电动座椅不能调节故障诊断导图如图 12-5 所示。

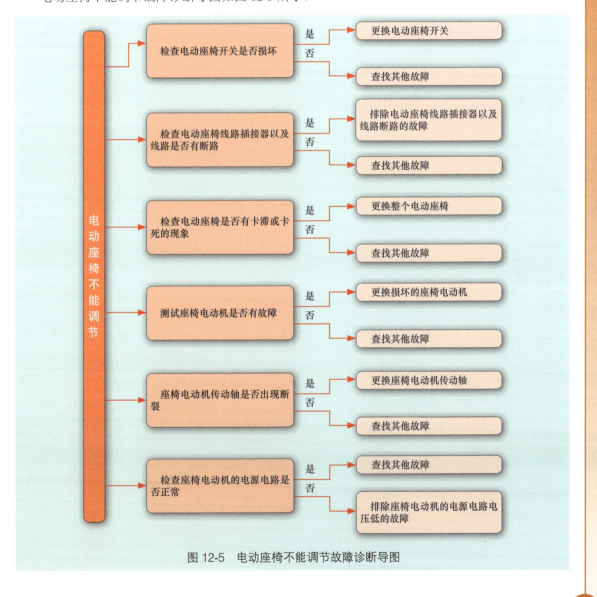

图 12-5 电动座椅不能调节故障诊断导图

121

2. 电动座椅异响故障排除导图

电动座椅异响故障排除导图如图 12-6 所示。

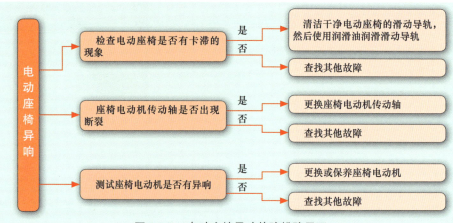

图 12-6　电动座椅异响故障排除导图

三、电动座椅快修案例

1. 电动座椅前后不能调节

【故障现象】

一辆 2012 年款迈腾 1.8TSI 轿车，行驶里程为 5.6 万 km，车主反映该车驾驶人侧电动座椅前后不能调节。

【故障诊断与排除】

（1）接车后首先进行检查，发现座椅向前或向后调整时座椅电动机毫无反应。

（2）直接给座椅电动机通电，工作正常，确定座椅前后调节电动机没有故障。

（3）检测座椅控制单元，发现有驾驶人侧座椅前后位置传感器 G441 断路的故障提示。操作座椅调整按钮时观察控制单元的数据，发现开关信号的接收正常，但向后调整时，座椅电动机的控制数据无变化。初步判断故障与 G441 断路有关。

（4）检查 G441 本身及其电路，未见异常，说明故障是在座椅控制单元内部。

（5）更换座椅控制单元，故障排除。

2. 电动座椅上下不能调节

【故障现象】

一辆 2004 年款雅阁 2.0L 轿车，行驶里程为 28.6 万 km，车主反映该车驾驶人侧电动座椅上下不能调节。

【故障诊断与排除】

（1）首先用试灯测试前垂直电动机的插接器端子，且按住控制盒向下开关"DOWN"（连接端子"B9"），试灯应点亮，否则表明控制盒向下开关损坏，应更换。

（2）用试灯检查前垂直电动机的插接器端子"F10"至接地点的电路情况，按住控制盒前端向上开关"UP"（连接端子"B10"），试灯应点亮，否则表明控制盒前端向上开关损坏，应更换。

（3）最后用万用表检查端子"F9"与"B9"以及"F10"与"B10"之间的线束导通正常。

（4）用试灯检查前垂直电动机插接器端子"F9"和"F10"，且分别按下控制盒向上、向下开关，应分别点亮，说明前垂直电动机可能损坏。

（5）更换前垂直电动机，故障排除。

第十二章　电动座椅故障诊断与快修实例

3. 电动座椅靠背不能调节

【故障现象】

一辆 2004 年款雅阁 2.0L 轿车，行驶里程为 28.6 万 km，车主反映该车驾驶人侧电动座椅靠背不能调节。

【故障诊断与排除】

（1）首先用试灯测试靠背电动机的插接器端子"C5"至车身的接地情况，且按住控制盒向前开关"FORWARD"，试灯应点亮，否则表明控制盒向前开关损坏，应更换。

（2）用试灯测试靠背电动机插接器端子"C6"至车身的接地情况，且按住控制盒后端向后开关"BACK"（B6 相连），试灯应点亮，否则表明控制盒后端向后开关损坏，应更换。

（3）用万用表检查插接器端子"C5"与"B5"以及"C6"与"B6"之间线束导通，若不导通则表明"I"（680）线束断路或与端子连接不良，应更换或检修。

（4）用试灯检查靠背电动机的插接器端子"C5"至"C6"，并分别按下控制盒后端开关向前"FORWARD"及向后"BACK"，试灯不亮，表明该插接器接触不良。

（5）修复插接器端子 C5 后，故障排除。

4. 电动座椅加热器故障

【故障现象】

一辆 2005 年款雅阁 2.4L 轿车，车主反映该车乘客侧座椅加热器在开关未打开的情况下就会自动加热。

【故障诊断与排除】

（1）根据座椅加热器电路布置，首先从仪表板下熔丝/继电器盒上拆下 No.15(20 A) 和 No.30(7.5 A)2 个控制座椅加热器继电器的熔丝，然后又分别断开前排乘客侧座椅加热器开关和座椅加热器的 4 针插接器。

（2）测量座椅加热器开关 6 针插头的 5 号棕色线接地电压为 0，正常；再测量座椅加热器插头一侧，4 针插头的 3 号绿线与 2 号黑线无电压，却发现 4 针插头的 4 号绿黄线与 2 号黑线电压为 12 V，且长期有电，说明此原因造成前排乘客侧座椅加热器长期加热。初步判断为相关线路绝缘层损坏导致线路间短路。

（3）经过认真排查发现多路集成控制系统 (MICS) 中有 1 个线束插头的位置插错，进行纠正后，故障排除。

第十三章　电动车门锁与遥控装置故障诊断与快修实例

一、电动车门锁与遥控装置故障诊断

1. 电动车门锁与遥控装置数据流读取

（1）以 X-431 诊断起亚品牌轿车为例，首先启动 X-431，然后找到"起亚诊断系统"，单击"起亚诊断系统"，看到选择菜单有"发动机系统""防抱死制动系统""安全气囊""车身控制模块"等，然后单击"车身控制模块"，如图 13-1 所示。

（2）稍等片刻后进入"读数据流""动作测试"的界面，如图 13-2 所示。

图 13-1　单击"车身控制模块"

图 13-2　诊断功能界面

（3）在功能菜单中单击"读数据流"选项，如图 13-3 所示。稍等片刻进入车身控制模块的"数据流项目"选项。

（4）如图 13-4 所示，找到"电动车门锁与遥控装置"选项，单击让其显目条变为蓝色，最后单击"确定"即可在显示屏显示出电动车门锁与遥控装置数据流。

图 13-3　单击"读数据流"选项

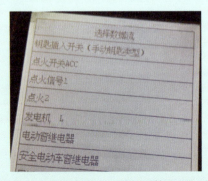

图 13-4　找到"电动车门锁与遥控装置"选项

2. 电动车门锁与遥控装置执行元件测试

（1）首先启动诊断程序，然后进入"读数据流""动作测试"的诊断功能界面，单击"动作测试"，如图13-5所示。

（2）如图13-6所示，进入"动作测试"项目界面后找到电动车门锁与遥控装置的项目进行测试，测试完毕就会显示测试结果。

图13-5　单击"动作测试"

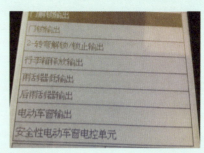

图13-6　"动作测试"项目界面

二、电动车门锁与遥控装置故障诊断导图

1. 电动车门锁不工作故障诊断导图

电动车门锁不工作故障诊断导图如图13-7所示。

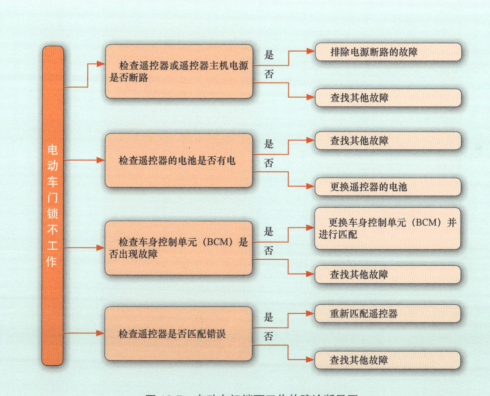

图13-7　电动车门锁不工作故障诊断导图

2. 遥控器无法锁门故障诊断导图

遥控器无法锁门故障诊断导图如图 13-8 所示。

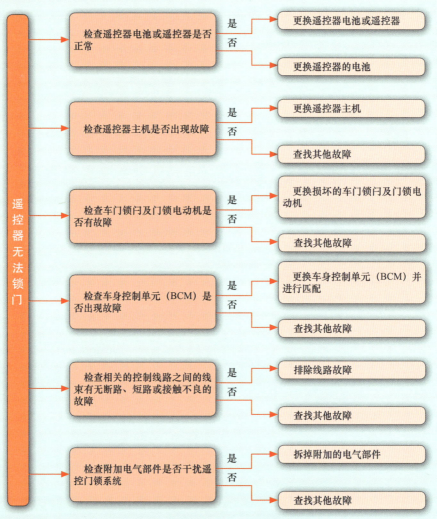

图 13-8　遥控器无法锁门故障诊断导图

三、电动车门锁与遥控装置快修案例

1. 遥控距离变短

【故障现象】

一辆 2012 年款雅阁 2.4L 轿车，行驶里程为 5.91 万 km，车主反映该车遥控距离变短。

【故障诊断与排除】

（1）首先利用 HDS 读取故障码，没有出现可疑的故障信息。

（2）检查遥控器，没有损坏或进水现象，确定遥控器正常。根据维修经验判断一般是遥控器电池电压不足引起，决定进行更换处理。

(3) 如图 13-9 所示，拆开遥控器外壳。

图 13-9　拆开遥控器

(4) 如图 13-10 所示，拆下遥控器电池。

图 13-10　拆下旧遥控器电池

(5) 如图 13-11 所示，将新遥控器电池装入安装槽内。

图 13-11　安装新遥控器电池

(6) 按照相反的顺序安装好遥控器，用手按压按键确保其工作正常，如图 13-12 所示。

图 13-12　检查遥控器

(7) 操纵遥控器进行测试，遥控器工作正常，故障彻底排除。

2．报警器不响

【故障现象】
一辆 2010 年款福美来 1.6L 轿车，车主反映该车报警器间歇性不响。

【故障诊断与排除】
(1) 首先将报警器电源接线端连接到蓄电池正、负极，报警器正常鸣叫，说明报警器没有损坏。
(2) 使用测试灯检查防盗主机的电源，测试灯正常点亮，说明防盗主机的熔丝和电源线均正常。
(3) 初步怀疑防盗主机内部老化，于是使用良好的防盗主机进行替换检查。

(4) 如图 13-13 所示，拆下旧防盗主机。

图 13-13　拆卸旧防盗主机

(5) 如图 13-14 所示，安装新防盗主机。

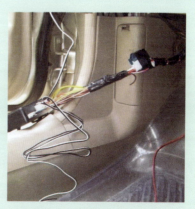

图 1-14　安装新防盗主机

（6）如图13-15所示，用电工胶布将新防盗主机的线束包扎好。

（7）使用遥控器进行检查，报警器正常响起，门锁工作正常，故障彻底排除。

图13-15　包扎防盗主机线束

3. 遥控器不能上锁或解锁

【故障现象】

一辆2014年款东风日产骐达1.6L轿车，行驶里程为350km，车主反映该车遥控器不能上锁或解锁，操作遥控器时门锁没有反应。

【故障诊断与排除】

（1）首先检查遥控器是否损坏或有进水现象，然后用万用表测量得到遥控器电池正、负极之间电压在2.5～3.0V，属正常范围。

（2）初步怀疑是遥控器信息在车身控制单元（BCM）中丢失，应重新匹配遥控器。方法如下：

1）关闭所有车门。

2）在10s内将钥匙在点火钥匙锁芯中插拔6次以上(随后危险警告灯将闪烁2次)。

3）将钥匙插入点火钥匙锁芯并转到"ACC"位置。

4）按一下遥控器上的任一按钮，随后危险警告灯将闪烁2次，这时最初的ID码被擦除，新的ID码被输入。

5）打开驾驶人侧车门，匹配结束。

技术人员按上述步骤匹配遥控器，但是进行到第4步时失败，按下遥控器的按键后危险警告灯无反应，表明车门遥控接收器接收不到遥控器的信号。

（3）用万用表测量车门遥控接收器供电端的电压为4.5V，属于正常范围；然后测量车门遥控接收器接地端，正常。

（4）测量车身控制单元（BCM）与车门遥控接收器之间各条线路的导通情况，结果各条线路都是导通的。于是更换一个新的BCM后再次匹配遥控器，故障依旧，说明原车BCM也无故障。

（5）询问车主了解到该车有自行加装的元件，依次将其去掉，并对遥控器进行匹配。在拔掉一个车载MP3后，匹配遥控器成功，车门遥控接收器收到信号，遥控器恢复正常。说明加装的车载MP3对信号产生了电磁干扰。

（6）拆掉车载MP3，重新匹配遥控器后故障排除。

4. 所有车门不能上锁或解锁

【故障现象】

一辆2012年款东风本田CR-V2.4L轿车，车主反映该车所有车门不能上锁或解锁。

【故障诊断与排除】

（1）首先使用HDS读取车辆故障码，显示车身控制单元（BCM）故障。

（2）使用良好的车身控制单元（BCM）进行替换并匹配后，故障依旧。

（3）使用备用遥控器遥控车辆，故障消失，说明遥控器工作性能下降。

（4）更换遥控器并进行重新匹配后，故障排除。

第十三章　电动车门锁与遥控装置故障诊断与快修实例

5．遥控器解锁 30s 之后，车门自动重新上锁

【故障现象】

一辆 2012 年款思铂睿 2.4L 轿车，车主反映该车遥控器解锁 30s 之后，车门自动重新上锁。

【故障诊断与排除】

（1）首先利用 HDS 检查 B-CAN 故障码，没有任何故障码显示；然后检查车门锁止系统，也正常。

（2）将车顶灯开关旋至车门 (DOOR) 位置。

（3）打开点火开关至 ON（Ⅱ）位置。

（4）当车门打开时，车门对应的指示灯在仪表板上均能正常亮起；当车门关闭时，车门对应的指示灯在仪表板上均能正常熄灭。此外，车顶灯在车门打开时也正常亮起。经过以上检查确定车门开关信号没有故障。

（5）根据维修经验，本田轿车疑难故障均与车身多路控制器（MICU）有关，于是决定使用良好的 MICU 进行替换检查，故障现象消除。

（6）更换新 MICU，然后进行遥控器匹配等操作，故障彻底排除。

6．遥控钥匙发送信号时电动车窗玻璃不工作

【故障现象】

一辆 2013 年款新宝来 1.6L 轿车，车主反映该车用遥控钥匙发送锁门信号时电动车窗玻璃不工作，而操作车内按键则正常关闭。

【故障诊断与排除】

（1）根据故障现象，操作车内按键能正常关闭电动车窗，说明电动车窗系统没有故障，故障应该在遥控系统控制部件中。

（2）运用 VAS5051 专用诊断仪检查地址 01、02、03 无故障码，而地址 17、19 和 46 均有 01336—舒适系统数据总线故障。

（3）由于舒适系统数据总线故障导致遥控钥匙发送器与 4 个门锁控制单元无法传递信号。检查熔丝正常，更换舒适系统电控单元后故障未排除。此时发现仪表上开门指示灯在开门状态下不亮，于是怀疑仪表损坏或仪表插头接触不良。

（4）更换仪表总成，然后用 VAS5051 清除故障码并匹配后，故障排除。

第十四章 灯光系统故障诊断与快修实例

一、灯光系统故障诊断

1. 灯光系统数据流读取

（1）以 X-431 诊断起亚品牌轿车为例，首先启动 X-431，然后找到"起亚诊断系统"，单击"起亚诊断系统"，看到选择菜单有"发动机系统""防抱死制动系统""安全气囊""车身控制模块"等，然后单击"车身控制模块"，如图 14-1 所示。

（2）稍等片刻后进入"读数据流""动作测试"的界面，如图 14-2 所示。

图 14-1 单击"车身控制模块"

图 14-2 诊断功能界面

（3）在功能菜单中单击"读数据流"选项，如图 14-3 所示。稍等就进入车身控制模块的"数据流项目"选项。

（4）如图 14-4 所示，找到"灯光系统"选项，单击让其显目条变为蓝色。

图 14-3 单击"读数据流"选项

图 14-4 找到"灯光系统"选项

第十四章 灯光系统故障诊断与快修实例

（5）单击"确定"进行读取数据流（图14-5），稍等片刻即可在显示屏显示出灯光系统的数据流。

图14-5 读取数据流

2. 灯光系统执行元件测试

（1）首先启动诊断程序，然后进入"读数据流""动作测试"的诊断功能界面，单击"动作测试"，如图14-6所示。

（2）如图14-7所示，进入"动作测试"项目界面后找到灯光系统的项目进行测试，测试完毕就会显示测试结果。

图14-6 单击"动作测试"

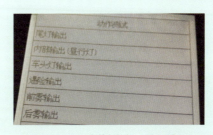

图14-7 "动作测试"项目界面

二、灯光系统故障诊断导图

1. 仪表指示灯不工作故障诊断导图

仪表指示灯不工作故障诊断导图如图14-8所示。

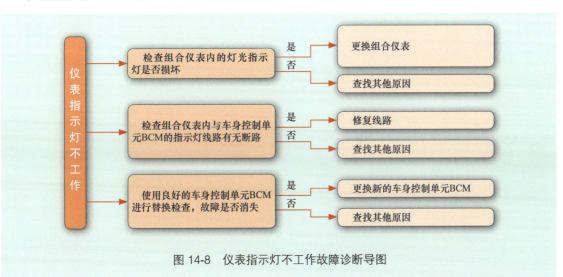

图14-8 仪表指示灯不工作故障诊断导图

2. 前照灯不亮故障诊断导图

前照灯不亮故障诊断导图如图14-9所示。

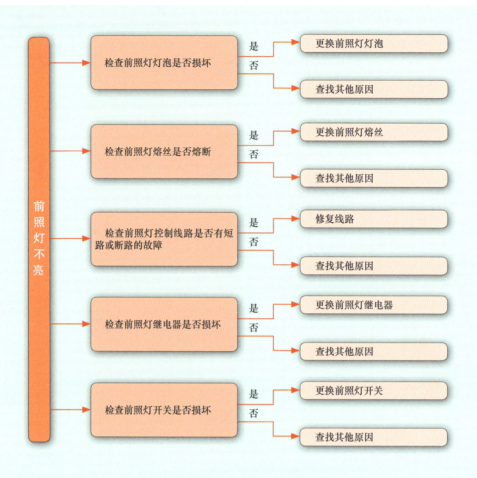

图14-9 前照灯不亮故障诊断导图

三、灯光系统快修案例

1. 前照灯灯光不亮

【故障现象】

一辆2009年款高尔夫1.6L轿车，车主反映打开前照灯开关，近光灯闪烁一下马上熄灭，然后又亮起。

【故障诊断与排除】

（1）根据维修经验，初步判断为前照灯线路接触不良，首先检查前照灯灯座的连接情况，并没有出现接触不良的情况。

（2）查看转向盘左侧下面的连接插接器，当触碰到灯光开关连接线束时，近光灯闪烁，说明灯光开关连接插接器有接触不良或灯光开关损坏的可能，必须拆下进一步检查。

(3)如图14-10所示,把开关转至"O"位置,然后用力按下往右转动即可将灯光开关拆出。

(4)如图14-11所示,拔下灯光开关,检查插接器正常,于是决定更换灯光开关。

图14-10 拆卸灯光开关

图14-11 检查灯光开关插接器

(5)如图14-12所示,安装上新灯光开关,然后进行检查,灯光工作正常。

(6)如图14-13所示,安装好新灯光开关后重新检查,故障彻底排除。

图14-12 安装新灯光开关并检查

图14-13 安装好新灯光开关

2. 前照灯光束不正确

【故障现象】

一辆2008年款雅阁2.4L轿车,该车经过钣金修复后前照灯光束不一致。

【故障诊断与排除】

(1)打开灯光开关进行检查,发现灯光上下左右位置发生了变化,前照灯光束不正确。

(2)检查车身修复情况,并没有出现异常的情况,应调整前照灯光束。

(3)如图14-14所示,将车辆停置于屏幕前,并与屏幕垂直,使前照灯基准中心距屏幕为10m,然后打开前照灯进行调整。

(4)如图14-15所示,调整左右两个前照灯在明暗截止线的"拐点"位置即为合格。

图14-14 调整前照灯光束

图14-15 前照灯光束标准

(5)驾驶车辆进行灯光检查,照明正常,故障排除。

3. 前照灯灯光亮度下降

【故障现象】

一辆 2012 年款夏利 1.0L 轿车，行驶里程为 4.1 万 km，车主反映该车前照灯灯光亮度下降。

【故障诊断与排除】

（1）首先起动发动机，检查发电机电压，电压在 13.5V 以上。关闭点火开关，测量蓄电池电压为 12.5V，说明充电系统正常。

（2）此车的灯光线路是双线制，远、近光灯灯丝的共同端是由前照灯开关送来的电源，远、近光灯线路输出后到变光开关转换搭铁，从而使前照灯变光构成回路发亮。发动机起动后再打开前照灯，经检测，两灯丝共同端的电压为 12V，而再测输出端的变光开关搭铁的电压，仅为 2V，得到的实际灯丝两端电压为 10V。由此判断前照灯灯丝电阻过大，影响了前照灯的正常亮度。

（3）检查前照灯灯泡并没有出现发黑的情况，但是该前照灯灯泡是副厂件，于是更换为原厂的前照灯灯泡，亮度恢复正常，故障彻底排除。

4. 灯泡频繁烧坏

【故障现象】

一辆 2012 年款速腾 1.6L 轿车，车主反映该车出现右侧近光灯泡频繁烧坏的现象。

【故障诊断与排除】

（1）首先检查近光熔丝是按照规定的电流进行安装，没有任何故障。

（2）起动发动机检查发电机电压，电压在 13.5~14.5V 之间变化，符合要求。

（3）由于都是右侧近光灯频繁烧坏，初步判断由右侧近光灯座接触不良引起。

（4）如图 14-16 所示，拆下右侧近光灯发现灯座与灯泡之间比较松旷，说明故障已经找到。

（5）如图 14-17 所示，借助旧灯泡用螺钉旋具将其压紧来修复灯座。

图 14-16 拆卸近光灯泡

图 14-17 修复灯座

（6）如图 14-18 所示，安装上新的灯泡并确保接触牢固。

（7）如图 14-19 所示，打开近光灯进行检查，工作正常。

图 14-18 安装新的灯泡

图 14-19 灯光检查

（8）车辆经过一个多月的行驶，右侧近光灯泡频繁烧坏的情况不再出现，故障排除。

第十四章 灯光系统故障诊断与快修实例

5．汽车倒车灯工作不正常

【故障现象】

一辆2013年款宝来1.6L轿车，行驶里程为2.1万km，车主反映该车倒车灯不亮，其他灯光正常。

【故障诊断与排除】

（1）首先使用大众诊断仪VAS505A检查，发现各控制单元中无故障码存储。

（2）用万用表测量检查发现倒车灯灯泡正常，挂入倒档时，倒车灯泡没有供电。

（3）用VAS505A读取数据流的方法检查，挂入倒档时，倒车灯开关的信号能够传递到车身控制单元BCM，而此时倒车灯不能点亮。初步判断故障在车身控制单元BCM或倒车灯线路中。

（4）根据维修手册电路图，用万用表测量倒车灯插头的T3f/2插脚与搭铁之间的电阻低于0.5Ω，说明搭铁正常。

（5）用万用表测量车身控制单元BCM插头的T73af/12插脚与倒车灯T3f/2插脚之间线路电阻为无穷大，说明该线路断路。

（6）经过认真检查，发现在加装倒车影像设备时将倒车灯线束剪断，在连接处没有接好，导致倒车灯线路断开。

（7）重新将倒车影像设备与倒车灯的线路连接好，并用电工胶布包扎好后进行测试，故障彻底排除。

6．汽车转向灯光闪烁频率不一致

【故障现象】

一辆2002年款大切诺基3.7L轿车，车主反映该车转向灯光闪烁频率不一致。

【故障诊断与排除】

（1）首先检查闪光频率较高一侧的灯泡，型号符合规定。

（2）检查转向灯电路搭铁线接触良好，插接件牢固，没有发现问题。于是对闪光继电器进行检查。

（3）如图14-20所示，拆下转向盘下护板。　　（4）如图14-21所示，找到的蓝色继电器就是闪光器继电器。

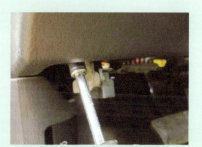

图14-20　拆卸转向盘下护板

图14-21　闪光器继电器位置

（5）如图14-22所示，拔下闪光器继电器。　　（6）如图14-23所示，打开闪光器继电器发现内部烧蚀，必须进行更换。

图14-22　拔下闪光器继电器

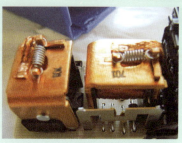

图14-23　闪光器继电器内部

(7) 更换好闪光器继电器后，打开转向灯开关进行检查，左右两边转向灯光闪烁频率正常，故障排除。

(8) 最后将转向盘下护板按照相反的顺序安装即可。

7. 汽车转向灯工作而警告灯不工作

【故障现象】
一辆 2010 年款大众途观 1.4L 轿车，车主反映该车转向灯工作而警告灯不工作。

【故障诊断与排除】
(1) 首先检查警告灯熔丝正常，查看线路并没有出现脱落的现象。

(2) 由于转向灯工作而警告灯不工作，说明警告灯的线路正常，根据维修经验判断警告灯开关损坏。

(3) 如图 14-24 所示，拆除中央面板上的两个出风口。

(4) 如图 14-25 所示，拆下装饰框上的 2 颗螺钉后取出装饰框。

图 14-24 拆除出风口

图 14-25 拆下装饰框

(5) 如图 14-26 所示，从装饰框上拆下警告灯开关插头，然后将警告灯开关从装饰框上拆下。

(6) 将新的警告灯开关按照相反的顺序安装好。

(7) 打开警告灯开关后，警告灯闪烁正常，故障排除。

图 14-26 拆卸警告灯开关

第十四章　灯光系统故障诊断与快修实例

8. 当点火开关转到 ON 位置时，AFS OFF 指示灯变亮

【故障现象】

一辆 2008 年款凯美瑞 2.4L 轿车，车主反映将该车点火开关转到 ON 位置时，AFS OFF 指示灯变亮。

【故障诊断与排除】

（1）用智能测试仪检测，故障码为 B2416—高度控制传感器故障，故障码无法清除。

（2）根据故障信息提示，使用良好的前后高度控制传感器进行替换，但故障依旧，说明高度控制传感器正常。

（3）检查 AFS OFF 开关信号电路并没有出现短路或断路的故障，于是对 AFS OFF 开关进行测试，结果正常。

（4）经检查确定 AFS ECU 与传感器之间的线束和插接器良好，用型号相同的 AFS ECU 替换后故障消除。询问车主了解到该车曾因事故维修过，故障原因为 AFS ECU 本身受冲击损坏，导致传感器信号受影响，点亮指示灯。

（5）重新更换新的 AFS ECU，故障彻底排除。

9. AFS 不工作

【故障现象】

一辆 2008 年款迈腾 1.8TSI 轿车，仪表多功能显示器提示右前照灯有故障，前照灯照明工作正常，但 AFS 不工作。

【故障诊断与排除】

（1）检查前照灯灯光照明系统正常，无灯泡损坏现象，说明 AFS 系统故障。

（2）用 VAS5052 检查，AFS 系统有故障，故障码为 02628—右侧旋转模块位置传感器有故障。故障码可以消除，但约 30min 后重新出现，为偶发故障。

（3）检查 AFS 系统线束没有出现短路或断路，初步判断电路方面没有故障，尝试更换 J668—右侧前照灯电源模块，故障依旧，怀疑控制模块 G475 内部某处接触不良。

（4）拆开右前照灯总成，重新焊接 G475 的故障点。

（5）安装好前照灯，对前照灯做基本设定，AFS 系统正常工作，故障彻底排除。

10. 当按下 AFS OFF 开关时，AFS 仍工作

【故障现象】

一辆 2008 年款凯美瑞 2.4L 轿车，车主反映该车当按下 AFS OFF 开关时，AFS 仍工作。

【故障诊断与排除】

（1）根据维修经验，当按下 AFS OFF 开关而 AFS 仍工作的原因主要是 AFS OFF 损坏、AFS 电源控制系统故障等。

（2）关闭点火开关，拆下 AFS OFF 开关进行测试，为正常状态。

(3) 查看电路图,如图 14-27 所示。打开点火开关,使用万用表分别检查 AFS ECU 14 号、15 号端子与 22 端子之间的电压均应为 11.2V,说明线路没有故障。

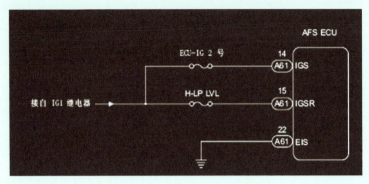

图 14-27　凯美瑞 AFS 电源电路

(4) 将 AFS ECU 插接器断开,检查 AFS ECU 22 号端子与车身搭铁之间搭铁正常,初步判断 AFS ECU 内部短路导致 AFS OFF 开关无法控制。

(5) 更换新 AFS ECU 并进行基础设定后,故障彻底排除。

11. 自动调平功能不正常

【故障现象】

一辆 2007 年款 CR-V 2.4L 轿车,车主反映该车自动调平功能不正常,不可为整车姿态进行调整。

【故障诊断与排除】

(1) 首先使用 HDS 检查 AFS 相关控制单元没有存在故障码。

(2) 启动 AFS 开关,左侧前照灯光轴能自动调整,右侧则没有变化,说明右侧前照灯调平系统故障。

(3) 检查 AFS ECU 与右侧前照灯调平电动机之间的线束正常,直接给右侧前照灯调平电动机通电,没有变化,需更换新件。

(4) 更换右侧前照灯总成,故障彻底排除。

第十五章 充电与起动系统故障诊断与快修实例

一、发电机系统故障诊断

1. 发电机系统数据流读取

（1）以 X-431 诊断起亚品牌轿车为例，首先启动 X-431，然后找到"起亚诊断系统"，单击"起亚诊断系统"，看到选择菜单有"发动机系统""防抱死制动系统""安全气囊""车身控制模块"等，然后单击"车身控制模块"，如图 15-1 所示。

（2）稍等片刻后进入"读数据流""动作测试"的界面，如图 15-2 所示。

图 15-1 单击"车身控制模块"

图 15-2 诊断功能界面

（3）在功能菜单中单击"读数据流"选项，如图 15-3 所示。稍等就进入车身控制模块的"数据流项目"选项。

（4）如图 15-4 所示，找到"发电机系统"选项，单击让其显目条变为蓝色。然后单击"确定"进行读取数据流，稍等片刻即可在显示屏显示出发电机系统的数据流。

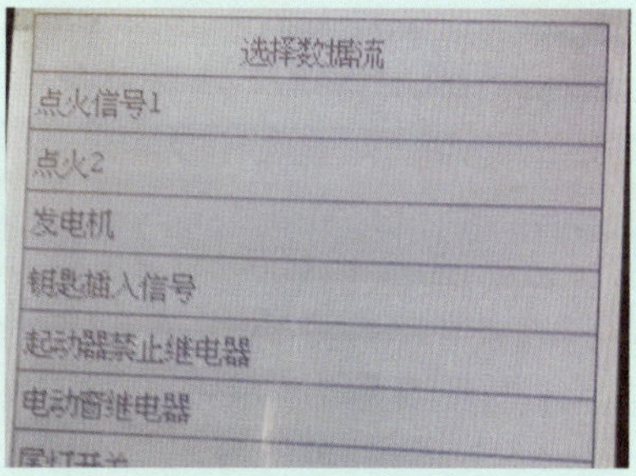

图 15-3 单击"读数据流"选项

图 15-4 找到"发电机系统"选项

2. 发电机系统执行元件测试

（1）首先启动诊断程序，然后进入"读数据流""动作测试"的诊断功能界面，单击"动作测试"，如图15-5所示。

（2）如图15-6所示，进入"动作测试"项目界面后找到发电机相关的项目进行测试，测试完毕就会显示测试结果。

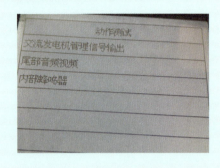

图15-5　单击"动作测试"　　　　图15-6　"动作测试"项目界面

二、充电与起动系统故障诊断导图

1. 发电机不发电故障诊断导图

发电机不发电故障诊断导图如图15-7所示。

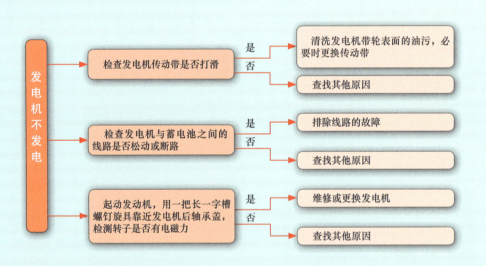

图15-7　发电机不发电故障诊断导图

2. 蓄电池漏电故障诊断导图

蓄电池漏电故障诊断导图如图15-8所示。

第十五章　充电与起动系统故障诊断与快修实例

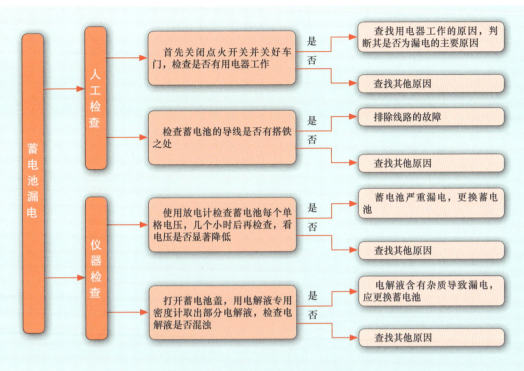

图 15-8　蓄电池漏电故障诊断导图

3. 起动机不工作故障诊断导图

起动机不工作故障诊断导图如图 15-9 所示。

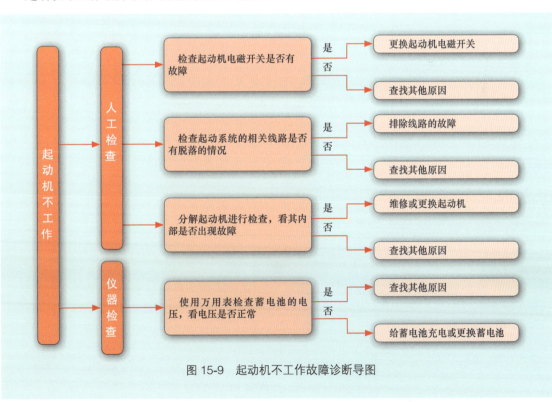

图 15-9　起动机不工作故障诊断导图

汽车故障诊断思路与快修实例

三、充电与起动系统快修案例

1. 蓄电池电量不足

【故障现象】

一辆 2016 年款雅阁 2.4L 轿车，车主反映该车起动机转动无力，经常表现为蓄电池电量不足。

【故障诊断与排除】

（1）首先使用万用表检查蓄电池的电压，电压值为 11.4V，说明蓄电池电量不足，但通过视液孔判断蓄电池良好。

（2）起动发动机后测量发电机电压在 14.5V 以上，说明发电机也正常。

（3）之后发现当起动几次后，蓄电池负极连接桩头出现过热的异常情况，说明蓄电池桩头导电能力变差。

（4）重新更换新的正负极桩头后，发动机正常起动，蓄电池充电也正常，故障排除。

2. 蓄电池漏电严重

【故障现象】

一辆 2008 年款雅阁 2.4L 轿车，行驶里程为 19.1 万 km，车主反映该车停放一夜后蓄电池电量都漏完。

【故障诊断与排除】

（1）给该车搭电，起动着车开到 4S 店进行检测。停车关闭发动机后发现仪表内所有指示灯闪烁，初步判断仪表放电，反复检查后更换仪表。但第二天该车又没有电，说明故障根源不是仪表。

（2）重新检测静态放电量，达到 800mA（标准值为 60 mA 以内），检查室内灯、门灯、化妆镜灯、行李舱照明灯都正常，逐个拔掉熔丝，也都没有下降。

（3）断开发电机 B+ 线后发现放电量降至正常值，而且换回原来仪表也不再闪烁。再接上 B+ 线，仪表继续闪烁；断开发电机后端插头，仪表不再闪烁。原来是发电机内部故障间接引起仪表闪烁和蓄电池漏电。

（4）更换发电机后一切恢复正常，故障彻底排除。

3. 发电机发电量不足

【故障现象】

一辆 2010 年款长安铃木雨燕 1.5L 轿车，行驶里程为 10.7 万 km，车主反映该车起动困难。

【故障诊断与排除】

（1）首先检查蓄电池电压，发现电压只有 11.6V，说明蓄电池电量不足。于是用放电计进行测试，蓄电池良好。

（2）起动发动机，然后使用万用表测量发电机，电压只有 12.95V（标准值在 13.5V 以上），说明发电机故障，需要拆下做进一步检查。

（3）如图 15-10 所示，拆开发电机后盖，取出电刷架，发现磨损严重，必须进行更换。

（4）如图 15-11 所示，将发电机电枢轴上的炭粉用清洗剂清洁干净。

图 15-10　故障电刷架

图 15-11　清洁电枢轴

（5）如图 15-12 所示，将电压调节器、新电刷架及后盖安装到发电机上。

（6）将修复后的发电机安装到车辆上。

（7）起动发动机，使用电压表测量发电机，电压达到 14.2V，充电正常。

（8）经过多次起动，汽车正常工作，故障排除。

图 15-12　安装新电刷架

4. 充电系统不充电

【故障现象】

一辆 2016 年款雅阁 2.4L 轿车，行驶里程为 4.9 万 km，车主反映该车充电指示灯点亮。

【故障诊断与排除】

（1）首先起动发动机，用一把长螺钉旋具靠近发电机后轴承盖，磁力吸力微弱，说明发电机内部有故障。

（2）将发动机转速升至 2500 r/min，接通前照灯开关并使用万用表测量交流发电机端电压，电压在 12.5～14.5V 之间变化（标准值应为 13.9～15.1V），说明发电机发电量稍微偏低。

（3）拆下发电机，对发电机进行分解，发电机内部出现较多的黑色粉末状异物，说明电刷严重磨损。

（4）更换发电机电刷后将其安装至车辆上，重新测试电压值恢复正常，充电指示灯不再点亮，故障排除。

5. 充电系统指示灯长亮

【故障现象】

一辆2007年款思铂睿2.4L轿车，车主反映该车充电系统指示灯长亮。

【故障诊断与排除】

（1）首先打开点火开关至ON（Ⅱ）位置，充电系统指示灯点亮，起动发动机，使发动机转速保持在2500 r/min运转1min，充电系统指示灯仍然点亮，说明充电系统或组合仪表存在故障。

（2）使用故障诊断仪对组合仪表的功能进行测试，组合仪表正常。

（3）将点火开关旋至LOCK（0）位置，断开发电机插头（4针）。然后打开点火开关至ON（Ⅱ）位置，充电系统指示灯仍然点亮，说明充电指示灯电路有故障。

（4）查看维修手册电路，然后断开ECM/PCM插头B（44针）。检查发现ECM/PCM插头B42端子与车身搭铁之间存在短路故障。

（5）经过认真检查，发现发动机舱内的发电机线束被磨破，导致指示灯线路短路。用电工胶布重新包扎后故障排除。

6. 发电机异响

【故障现象】

一辆2010年款马自达6 2.0L轿车，行驶里程为12.3万km，该车发电机异响。

【故障诊断与排除】

（1）起动发动机，检查发电机的端电压在13.8V左右，说明发电量正常。

（2）用听诊器判断，发电机轴承异响，必须进行更换处理。

（3）如图15-13所示，拆下发电机总成。　　（4）如图15-14所示，分解发电机。

图15-13　发电机总成

图15-14　分解发电机

（5）如图15-15所示，拆下前端盖轴承并换上新的轴承。　　（6）如图15-16所示，安装好前端盖，然后安装上后端盖轴承。其他部件按照与拆卸相反的顺序进行安装。

图15-15　更换前端盖轴承

图15-16　安装后端盖轴承

（7）将修复后的发电机安装至车辆上。

（8）起动发动机，发电机异响消除，故障排除。

7. 起动机无法停止

【故障现象】

一辆2013年款猎豹飞腾2.0L轿车，行驶里程为2.9万km，车主反映该车起动后起动机无法停止。

【故障诊断与排除】

（1）首先对点火开关每个档位进行测试，均符合要求，排除点火开关故障的可能。

（2）由于起动机无法停止，根据维修经验，拆卸起动机，对电磁开关进行保养并测试，符合要求。

（3）起动发动机进行检查，故障依旧，于是初步判断是起动机控制线路出现故障。

（4）拆下自动变速器换档开关，发现各个端子通断均正常，但是发现自动变速器换档开关都拔掉，仪表板上档位指示灯正常点亮，说明线束存在故障。

（5）将仪表板相关线路进行全面排查，发现汽车底板比较潮湿，其中有线束插头内部出现锈蚀。询问车主了解到，该车曾经被水淹后维修过，说明故障就存在于这个6根线的插接器内。

（6）将锈蚀的插接器用清洗剂清洁干净，并涂抹上凡士林后，起动机工作正常，并且进行长时间的试车，一切正常，故障彻底排除。

8. 起动机无法起动

【故障现象】

一辆2008年款标致307 2.0L轿车，行驶里程为18.2万km，车主反映该车起动机偶尔能起动但比较困难。

【故障诊断与排除】

（1）首先检查蓄电池电压，正常。

（2）起动发动机时，感觉起动机运转困难，怀疑起动机保养不当。拆下起动机进行测试，发现起动机能运转但比较困难，应进行保养。

（3）如图15-17所示，拆下起动机总成。

（4）如图15-18所示，分解起动机部件。

图15-17 起动机总成

图15-18 分解起动机

（5）如图15-19所示，将起动机部件用压缩空气吹干净。

（6）如图15-20所示，给减速齿轮添加润滑脂。

图15-19 清洁起动机部件

图15-20 添加润滑脂

(7)如图15-21所示,将转子上的污垢用砂纸打磨干净后装回定子内。

(8)如图15-22所示,安装上新的电刷总成。

图15-21 清洁转子

图15-22 安装新的电刷总成

(9)如图15-23所示,安装起动机其他部件。
(10)安装完成后对其进行空载试验,完全正常,然后将其安装至车辆上。
(11)起动车辆进行检查,一切运转正常,故障排除。

图15-23 安装好起动机

9. 起动机异响

【故障现象】

一辆2007年款花冠1.8L轿车,行驶里程为21.9万km,车主反映该车起动机异响。

【故障诊断与排除】

(1)首先起动发动机进行检查,当起动瞬间起动机内部出现"咔哒"的响声,而发动机正常起动后,异响消除。
(2)初步判断起动机齿轮损坏,于是建议拆下起动机进一步检查。

(3)如图15-24所示,从车上拆下起动机。

(4)如图15-25所示,分解起动机,拆下起动机齿轮。

图15-24 起动机

图15-25 分解起动机

（5）如图15-26所示，起动机齿轮出现严重磨损，并且发现齿轮有裂痕，必须更换。

（6）由于齿轮不能拆开，于是需更换超速离合器总成，如图15-27所示。

图15-26　损坏的齿轮总成

图15-27　新齿轮总成

（7）如图15-28所示，添加润滑脂并安装好超速离合器总成，同时对里面的轴承添加润滑剂进行保养。

（8）按照相反的顺序安装好起动机，如图15-29所示。

图15-28　安装超速离合器总成

图15-29　装复起动机

（9）将起动机安装至车辆，然后将点火开关旋至起动位置，发动机起动正常，故障排除。

10. 起动机驱动齿轮与飞轮齿轮撞击声

【故障现象】

一辆2006年款桑塔纳2000 1.8L轿车，当点火开关转至起动档位时，起动机驱动齿轮与飞轮齿轮有"哒哒"撞击声。

【故障诊断与排除】

（1）首先使用万用表检查蓄电池的技术状况，表现良好。于是查看蓄电池两个连接桩头及发动机缸体与车架搭铁，无松动或锈蚀的现象。

（2）起动发动机瞬间用万用表检查蓄电池的电压下降到6.8V（正常9.6V以上），初步确定起动机内部故障。

（3）分解起动机进行检查，齿轮正常，电磁开关也正常，但是转子线圈与换向器触点挤压不紧，导致转子线圈与换向器接触不良。

（4）用电烙铁将接触点焊接牢固，然后清除多余焊锡后，装复进行空载试验，起动机工作正常。

（5）将修复后的起动机安装至车辆上，起动机工作正常，故障彻底排除。

11. 起动机无力

【故障现象】

一辆2012年款雅阁2.4L轿车，车主反映该车起动机有时能起动发动机，但起动机无力。

【故障诊断与排除】

（1）使用万用表的直流电压档，检测蓄电池的电压降，第一次把万用表的两表笔接在蓄电池的正、负极桩头上，起动起动机，电压值由原来的12V降到10V左右。

（2）第二次把万用表的正表笔接在起动机的电源线接线柱上，负表笔接在起动机外壳上，起动起动机，电压值由原来的12V降到6V左右。

（3）第三次把万用表的正表笔接在蓄电池的正极桩头（+）上，负表笔接在起动机外壳上，起动起动机，电压值由原来的12V降到6V左右。

（4）第三次和第二次检测结果一样，说明存在搭线不良，应从搭铁线路方面去查找；如果第三次检测结果和第一次一样，说明起动机至蓄电池之间的电源线有故障。但本故障搭铁线路电压降过大，导致起动机无力起动发动机。

（5）更换搭铁线，按规定安装好后进行试车，故障彻底排除。

12. 起动机空转

【故障现象】

一辆2010年款一汽奥迪1.8L轿车，车主反映该车起动发动机时，虽然有带动发动机转动的迹象，但是转几圈便听到"吱啦、吱啦"的响声，随后发动机停止转动，只有起动机空转。

【故障诊断与排除】

（1）由于起动机空转一般都是起动机内部故障，于是决定分解起动机进行检查（图15-30），但未发现驱动齿轮、飞轮齿环有磨损或断齿现象。

（2）进一步检查发现驱动齿轮铜套与轴颈的配合间隙超出使用限度，致使起动机运转阻力增大，单向离合器位置偏移，使两齿轮轴结合而脱开，出现起动机空转。

（3）更换驱动齿轮，按规定装复后试车，故障彻底排除。

图15-30　拆解起动机

参考文献

[1] 陈文华. 汽车发动机构造与维修 [M]. 北京：人民交通出版社，2001.
[2] 张凤山. 广州本田雅阁轿车维修宝典 [M]. 武汉：湖北科学技术出版社，2003.
[3] 卢梦法. 轿车电控发动机自动变速器故障排除 500 例 [M]. 北京：机械工业出版社，2002.
[4] 汪立亮. 广州雅阁轿车使用与维修指南 [M]. 福州：福建科学技术出版社，2000.
[5] 焦志勇. 进口轿车故障诊断与排除实例精选 [M]. 北京：机械工业出版社，2003.
[6] 丁鸣朝. 汽车故障维修实例 [M]. 北京：电子工业出版社，2009.
[7] 刘希恭. 广州本田奥德赛轿车巡航控制系统 [M]. 北京：机械工业出版社，2010.
[8] 皮治国. 本田新雅阁轿车维修一本通 [M]. 南京：江苏科学技术出版社，2010.